Progetto Lingua Edizioni
Via S. Reparata, 105
50129 Firenze, Italia

Tel/fax 055 486644

www.progettolingua.it

ISBN 88-87883-07-6

Finito di stampare nel mese di maggio 2005 presso la Tipografia «Il David» di Firenze
per conto di *Progetto Lingua Edizioni* - Firenze, Italia.

Il volume è a cura di Claudio Manella.

Volume stampato in Italia - Printed in Italy

Maurizio Pinzani
Riccardo Piancastelli

L'italiano in cucina

Ricette originali della cucina italiana con note linguistiche, esercizi e chiavi

Annesso dizionario della cucina con traduzioni in inglese, francese, tedesco, spagnolo

Disegni di Banu Erkin

Progetto Lingua
Firenze

Indice

Parte prima:

Le ricette di Maurizio Pinzani

3. **La carne**

4. **Il pesce**

5. **Le verdure**

6. **La pizza**

1.
La pasta

Spaghetti aglio, olio e peperoncino

Spaghetti alla puttanesca

Spaghetti alla bolognese

Spaghetti alla carbonara

Spaghetti alla pommarola

Spaghetti alle vongole

Linguine al pesto genovese

Penne rigate all'arrabbiata

Bucatini all'amatriciana

Tagliatelle ai funghi

Tortellini alla panna

Introduzione alla pasta

La pasta è il piatto nazionale italiano e si trova in forme e qualità varie nelle diverse regioni d'Italia. Può essere di due tipi:

a) la pasta di semola[1] di grano duro[2]
b) la pasta fresca all'uovo

La prima è soprattutto di fabbricazione industriale e si trova confezionata[3] in sacchetti o pacchi da 500 grammi o 1 chilo e anche più. Ha numerose forme, contrassegnate[4] da numeri che ne indicano la grossezza.
Le forme più famose sono gli spaghetti, i maccheroni, le penne, le farfalle, le linguine, i bucatini ecc...

La seconda è fatta preferibilmente in casa con farina e uova. La proporzione per la preparazione di questa pasta è di 100 grammi di farina e un uovo per persona. Viene impastata a mano e lavorata con il matterello o con una macchina che comprime[5] l'impasto fra due rulli, lo riduce a strisce e lo taglia nelle forme desiderate.

I primi piatti che ho riassunto in questo capitolo sono quelli più famosi. Molti li sanno preparare. Tutti, grandi e piccoli, li conoscono e tutti li mangiano!
Ho dato maggiore spazio allo spaghetto, il vero re della pasta italiana, senza però sottovalutare gli altri formati di pasta nati successivamente. A

---

[1] **semola**: farina grossa che si ottiene con la macinazione del grano duro.

[2] **grano duro**: grano di alta qualità, usato per la preparazione delle paste alimentari.

[3] **confezionare**: impacchettare; imballare; incartare.

[4] **contrassegnare**: indicare; contraddistinguere.

[5] **comprimere**: schiacciare; pressare; restringere.

questo straordinario alimento che è la pasta ho abbinato[6] delle salse eccellenti e di facile preparazione.
Prima, però, di provare a cucinare qualche piatto, cerchiamo di fissare bene nella mente due cose importanti, e cioè la cottura della pasta (come si cuoce? Quanta acqua ci vuole? Quanto sale? ...) e il modo di condirla, cioè le salse (quali sono i tipi principali di salse italiane? Si può mangiare la pasta senza condimento? ...)
Ecco le cose principali che dobbiamo ricordare.

La cottura della pasta

La pasta di grano duro si cuoce in abbondante acqua bollente salata (100 grammi di pasta per 1 litro di acqua e 10 grammi di sale) per un tempo che varia[7] a seconda della forma. Le migliori ditte indicano sulla confezione il tempo di cottura. Ricordiamoci, comunque, che la pasta in generale non va cotta troppo: nessun italiano, nessun esperto o appassionato di pasta vuole mangiare la pasta *scotta*, cioè troppo cotta. Si preferisce, al contrario mangiarla *al dente*, cioè cotta moderatamente, in modo che mantenga una certa consistenza, che si deve sentire sotto i denti, appunto.
Appena messa in acqua, e anche durante la cottura, la pasta deve essere mescolata varie volte. A fine cottura si scola[8] versandola nel colapasta e si condisce[9] con il sugo preferito. Per questo tipo di pasta la porzione per una persona è di circa 100 grammi.

La pasta fresca all'uovo si cuoce in abbondante acqua bollente salata, con le stesse proporzioni della pasta di semola di grano duro. Attenzione, però, perché il tempo di cottura di questo tipo di pasta è molto più breve! È cotta quando sale in superficie, spinta dall'ebollizione dell'acqua.
A questo punto va scolata immediatamente, in modo che non continui a cuocere e perda di consistenza.

---

[6]**abbinare**: unire; associare; accostare.
[7]**variare**: cambiare; diventare diverso; mutare.
[8]**scolare**: eliminare l'acqua della cottura.
[9]**condire**: insaporire; dare un buon sapore.

Le salse

Nessuno mangia la pasta senza condimento. Esistono tantissimi modi per condirla. I più comuni sono:

. con olio o burro più parmigiano grattugiato[10]
. con un sugo a base di pomodoro
. con un sugo a base di carne e aggiunta di pomodoro
. con un sugo a base di pesce
. con vari ingredienti come uova, verdure, pancetta, prosciutto, ecc...

Ogni regione italiana, poi, ha i suoi condimenti tipici. I più famosi sono il *pesto* ligure, il *ragù* emiliano, la *pommarola* (o *pummarola*) napoletana, ecc... : tutte ricette che troveremo in questo capitolo, dedicato alla regina della cucina italiana: la pasta.
Adesso prepariamoci a provare qualcuna di queste buonissime ricette e... buon appetito a tutti!

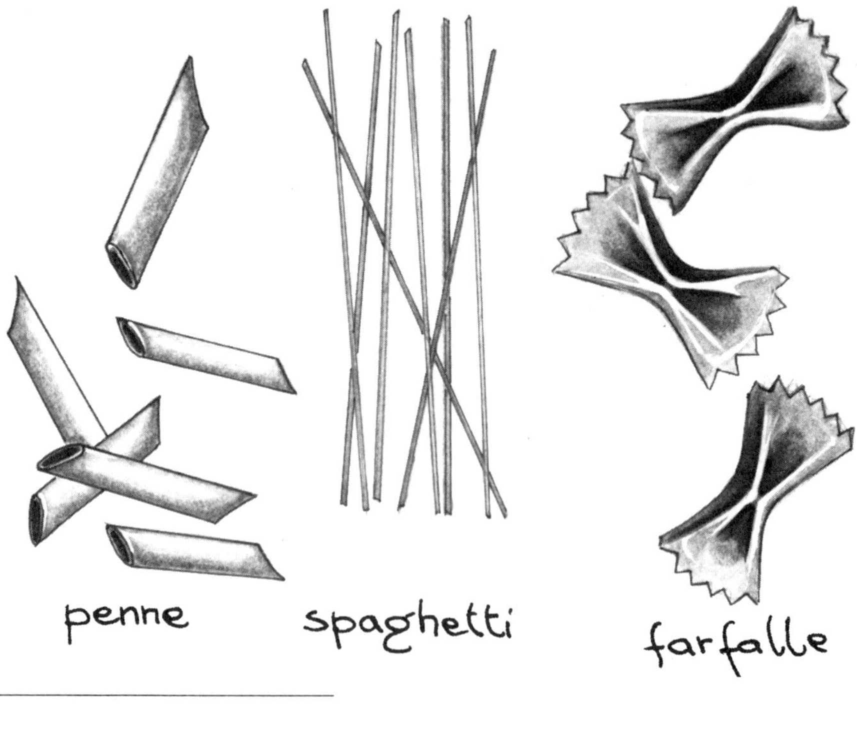

---

[10]**grattugiato**: fatto in pezzi piccolissimi con la grattugia; grattato.

Spaghetti aglio, olio e peperoncino

Ingredienti per quattro persone:

. *400 grammi di spaghetti*
. *quattro spicchi*[1] *di aglio*
. *sei peperoncini secchi piccoli*
. *½ bicchiere di olio extra vergine d'oliva*
. *un cucchiaio di prezzemolo tritato*[2]
. *sale a piacere*

Attrezzatura:

. *una padella grande*
. *un mestolo di legno*
. *una pentola grande*
. *un coltello a lama alta*
. *un tagliere*
. *un colapasta*

La ricetta: sbucciate[3] gli spicchi d'aglio; prendete il tagliere e appoggiatevi sopra gli spicchi interi. A questo punto prendete il coltello a lama alta e appoggiate la lama sugli spicchi, in modo da schiacciarli; quindi prendete la padella e mettetela su un fuoco medio basso. Versateci l'olio, fatelo scaldare e, appena è caldo, aggiungete tutto l'aglio e i peperoncini interi. Fate cuocere il tutto finché l'aglio non è dorato[4] .
Ora togliete la padella dal fuoco e lasciate l'aglio e il peperoncino nell'olio per qualche minuto. Nel frattempo, cuocete la pasta al dente, come descritto nel paragrafo «cottura della pasta» e quando questa è pronta, togliete l'aglio dalla padella e mettete la pasta insieme all'olio e i peperoncini. Saltate[5] il tutto in padella e aggiungete a piacere del peperoncino tritato e del prezzemolo, che serve per colorare e profumare la pietanza[6].

Un consiglio di Maurizio: accompagnate questo piatto con un buon vino rosso.

---

[1]**spicchio:** parte, segmento di un'arancia, di un limone o di un aglio.
[2]**tritato:** ridotto in piccoli pezzi; sminuzzato; tagliato; macinato.
[3]**sbucciare:** togliere la buccia; pelare.
[4]**dorato:** di colore giallo oro.
[5]**saltare:** cuocere a fuoco vivo (alto) e per poco tempo, mescolando frequentemente.
[6]**pietanza:** piatto; portata; qualsiasi vivanda servita in tavola.

Spaghetti alla puttanesca

Ingredienti per quattro persone:

. 400 grammi di spaghetti
. 150 grammi di acciughe sotto sale (oppure 250 grammi di tonno)
. 100 grammi di olive nere snocciolate
. 500 grammi di pomodori maturi
. 50 grammi di capperi sotto sale
. quattro cucchiai di olio extra vergine d'oliva
. due spicchi[1] *di aglio*
. due peperoncini macinati
. un cucchiaio di prezzemolo tritato
. sale a piacere

Attrezzatura:

. un tagliere
. un coltello
. una pentola media
. una padella grande
. cinque ciotole

La ricetta: Prendete le acciughe, lavatele e asciugatele[2]; poi appoggiatele sul tagliere e, con l'aiuto di un coltello, apritele verticalmente, togliete le lische[3] , fatele a pezzetti e mettetele nella prima ciotola.
Sbucciate[4] gli spicchi di aglio e metteteli nella seconda ciotola.
Pelate i pomodori, apriteli e togliete i semi[5]. Poi spezzettateli[6] e metteteli nella terza ciotola.
Nella quarta ciotola mettete le olive e nella quinta i capperi, dopo averli lavati bene con abbondante acqua.

---

[1]**spicchio:** parte, segmento di un'arancia, di un limone o di un aglio.
[2]**asciugare:** eliminare il liquido; rendere asciutto.
[3]**lisca:** lo scheletro del pesce.
[4]**sbucciare:** togliere la buccia; pelare.
[5]**seme:** germe; parte con cui la pianta si riproduce.
[6]**spezzettare:** fare a piccoli pezzi.

Arrivati a questo punto, prendete la pentola media e mettetela sul fuoco medio basso con l'olio. Scaldatelo per 2 minuti e mettete l'aglio, i peperoncini macinati e il prezzemolo. Fate soffriggere[7] il tutto per 2 minuti, poi aggiungete le acciughe spezzettate e i pomodori che avete tagliato in precedenza. Per finire, aggiungete le olive e i capperi.
Lasciate cuocere questa salsa per circa 15/20 minuti.
Una volta terminata la preparazione della salsa, cuocete la pasta, come descritto nel paragrafo «cottura della pasta», mettetela nella padella e fatela saltare[8] .
Il piatto è pronto!

Un consiglio di Maurizio: durante la cottura, sia i capperi che le acciughe possono disperdere[9] nella salsa il sale che ancora contengono, quindi attenzione a non aggiungere troppo sale!

Il vino che accompagna questo piatto può essere sia rosso che bianco. In quest'ultimo caso, però, sceglete un bianco "di corpo", cioè con un sapore deciso, come ad esempio la *Vernaccia di San Gimignano*.

capperi

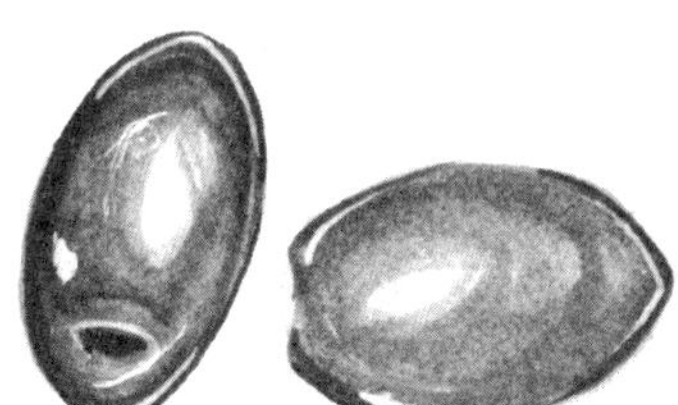

olive

[7]**soffriggere:** fare friggere a fuoco basso e per poco tempo; rosolare.
[8]**saltare:** cuocere a fuoco vivo (alto) per poco tempo, mescolando.
[9]**disperdere:** dissolvere; spargere; sperdere; perdere.

Spaghetti alla bolognese (al ragù)

Ingredienti per quattro persone:

. 400 grammi di spaghetti
. 250 grammi di carne macinata[1] di manzo
. 300 grammi di pomodori pelati
. una salsiccia
. una carota
. una cipolla rossa
. una costola[2] di sedano
. un ciuffetto[3] di prezzemolo
. qualche foglia di basilico
. un peperoncino secco tritato
. ½ bicchiere di vino rosso
. un dado per brodo di carne
. quattro cucchiai di olio extra vergine d'oliva
. una foglia di alloro
. sale & pepe a piacere

Attrezzatura:

. una pentola con coperchio
. un tagliere
. un mestolo di legno
. un coltello
. un bicchiere

La ricetta: lavate la carota, il sedano, il prezzemolo e il basilico e tagliateli a piccoli pezzi. Tritate[4] la cipolla, mettetela in una pentola con l'olio precedentemente scaldato[5] e fatela dorare[6]. Mettete gli odori (la carota, il

---

[1] **carne macinata:** ridotta in pezzi piccolissimi; tritata.
[2] **costola** (di sedano): la parte dura, bianca e senza foglie del sedano.
[3] **ciuffetto:** piccolo ciuffo; piccola quantità.
[4] **tritare:** ridurre in piccoli pezzi; sminuzzare; tagliare finemente.
[5] **scaldare:** portare a una temperatura più alta; rendere più caldo.
[6] **dorare:** friggere fino a quando l'alimento diventa giallo oro.

sedano, il basilico e il prezzemolo) e fate cuocere il tutto per 10 minuti a fuoco basso, girando continuamente con il mestolo di legno.
A questo punto mettete la carne macinata e la salsiccia e fatele cuocere stando attenti che non si attacchino[7] sul fondo della pentola.
Quando la carne è cotta, , aggiungeteci piano piano il vino rosso e fatelo evaporare[8], poi mettete anche i pomodori, il peperoncino, il sale e lasciate il tutto sopra la fiamma per circa 40 minuti.
Quando il sugo è pronto, fate cuocere gli spaghetti come descritto nel paragrafo «cottura della pasta» e fateli saltare[9] in padella con il ragù.

Due consigli di Maurizio: la cottura di questa salsa che è fra le più conosciute nel mondo deve essere fatta a fuoco molto basso e mescolando di tanto in tanto.
Attenzione, perché durante la cottura è possibile che il ragù si asciughi (cioè perda molta acqua e diventi troppo denso): in questo caso è necessario aggiungere del brodo precedentemente preparato.

Un po' di storia: questa salsa è originaria della Romagna, dove viene chiamata "brodo scuro". È una delle salse fondamentali della cucina italiana e viene usata come base anche per altri piatti, come vari tipi di pastasciutte[10], arrosti in umido[11] , lasagne, melanzane, ecc... .

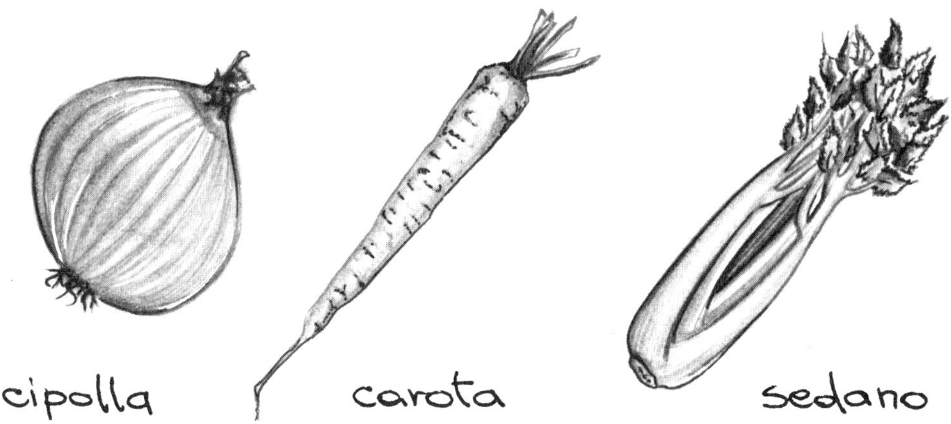

[7]**attaccarsi:** appiccicarsi; unirsi; aderire; restare attaccato.
[8]**evaporare:** diventare vapore; svaporare; volatilizzarsi.
[9]**saltare:** cuocere a fuoco vivo (alto) per poco tempo, mescolando frequentemente.
[10]**pastasciutta:** "pasta" "asciutta", cioè senza liquidi.
[11]**in umido:** con olio o sugo.

Spaghetti alla carbonara

Ingredienti per quattro persone:

. 400 grammi di spaghetti
. 100 grammi di pecorino[1] romano o sardo grattugiato[2]
. 150 grammi di pancetta (un pezzo intero)
. 50 grammi di burro
. quattro tuorli d'uovo (il giallo dell'uovo)
. sale & pepe nero

Attrezzatura:

. una zuppiera
. un mestolo di legno
. una forchetta
. un coltello
. un tagliere
. una padella media
. una ciotola
. un cucchiaino

La ricetta: prendete la pancetta e ponetela[3] sul tagliere. Con il coltello tagliatela a cubetti, mettetela nella padella e soffriggetela[4] a fuoco medio, girando con il mestolo di legno. Quando è ben dorata[5], mettetela in una ciotola (ma senza il grasso che ha prodotto durante la cottura).
A questo punto prendete la zuppiera e metteteci dentro i gialli delle uova; sbatteteli un po' con la forchetta, finché non si amalgamano[6] e aggiungete mezzo cucchiaino di sale, mezzo cucchiaino di pepe nero, il pecorino e il burro.

---

[1] **pecorino:** formaggio prodotto con il latte di pecora; ne esistono diverse qualità, più o meno salate e stagionate. I tipi più conosciuti sono il pecorino romano, quello sardo e quello toscano.
[2] **grattugiato:** fatto in pezzi piccolissimi con la grattugia; grattato.
[3] **porre:** mettere; appoggiare; collocare.
[4] **soffriggere:** fare friggere per poco tempo; rosolare.
[5] **dorata:** di colore giallo oro.
[6] **amalgamare:** mescolare bene; impastare; unire.

Cuocete gli spaghetti come descritto nel paragrafo «cottura della pasta» e, dopo averli scolati[7], metteteli dentro la zuppiera; aggiungete la pancetta e mescolate il tutto.
Gli spaghetti alla carbonara sono pronti!

Un consiglio di Maurizio: si tratta di un piatto semplice, ma fate attenzione alla parte finale: se gli spaghetti fossero un po' asciutti[8], aggiungete nella zuppiera un po' di acqua di cottura della pasta, ma mai della panna[9]! Ricordate anche che la salsa si deve amalgamare con la pasta a freddo. Non dovete in nessun caso rimettere il tutto sul fuoco, perché in questo modo avrete una specie di frittata!

Un po' di storia: l'origine di questo piatto è romana. C'è chi fa risalire il nome ai *carbonari*, i primi patrioti italiani che si opposero ai governi assoluti e che lottarono per l'unità dell'Italia. Altri, invece, ritengono che il nome derivi dal fatto che questo piatto veniva condito[10] con abbondante pepe nero, dal colore simile al carbone.
In ogni caso, si tratta di una pietanza[11] molto gustosa[12].

un pezzo intero di pancetta

[7]**scolare:** eliminare l'acqua di cottura.
[8]**asciutti:** senza liquido, secchi.
[9]**panna:** parte grassa del latte; crema.
[10]**condire:** insaporire; dare un buon sapore.
[11]**pietanza:** piatto; portata; qualsiasi vivanda servita in tavola.
[12]**gustosa:** di gusto piacevole; di buon sapore; saporita; deliziosa.

Spaghetti alla pommarola

Ingredienti per quattro persone:

. 400 grammi di spaghetti
. una cipolla bianca
. una carota
. una costola[1] di sedano
. due peperoncini macinati
. dieci foglie di basilico
(sei nella salsa e quattro per la decorazione)
. cinque cucchiai di olio extra vergine d'oliva
. otto pomodori rossi maturi (400 grammi circa)
. uno o più dadi di brodo vegetale (eventualmente)
. sale a piacere

Attrezzatura:

. un tagliere
. un coltello a lama liscia
. un mestolo di legno
. una pentola media con coperchio
. un passaverdura
. un pelapatate
. sei ciotole
. un cucchiaino

La ricetta: prendete la carota, lavatela e pelatela con il pelapatate. Prendete il tagliere, appoggiatevi la carota e con il coltello tagliatela prima a strisce[2] e successivamente a dadini[3] piccoli e mettetela nella prima ciotola. Ora prendete la costola di sedano, lavatele e togliete tutte le foglie e la parte verde. Tagliate a strisce e poi a dadini (come avete fatto per la carota) la parte bianca che resta e mettetela nella seconda ciotola.

---

[1] **costola** (di sedano): la parte dura, bianca e senza foglie del sedano.
[2] **striscia:** forma allungata e stretta; lista.
[3] **dadino:** piccolo cubo; cubetto.

Prendete la cipolla, sbucciatela, tagliatela a metà, tritatela e mettetela nella terza ciotola.
Prendete i pomodori, lavateli, tagliateli con un coltello in quattro pezzi e metteteli nella quarta ciotola.
Nella quinta ciotola mettete le foglie di basilico.
Arrivati a questo punto, prendere la pentola media, mettetela su un fuoco non troppo alto, versateci[4] l'olio e scaldate[5] per 2 minuti; poi, aggiungete la cipolla e giratela con il mestolo di legno (regolate il fuoco medio, affinché la cipolla non lessi[6], se il fuoco è troppo basso, e non bruci[7] se è troppo alto).
Dopo aver fatto dorare la cipolla, aggiungetevi la carota, il sedano e girate questi odori con il mestolo a fuoco basso, finché non sono rosolati[8].
Aggiungete i pomodori, il basilico, un cucchiaino di sale e i due peperoncini tritati.
Coprite la pentola con il coperchio e lasciate bollire il tutto a fuoco basso per 30 minuti circa. Quando sta per finire il tempo di cottura, assaggiate[9] la salsa e decidete se aggiungere del sale o del peperoncino.
Alla fine della cottura, prendete la sesta ciotola, metteteci sopra il passaverdura, rovesciateci dentro la salsa e passatela.
Questa è la pommarola! Se per caso fosse troppo liquida, fatela bollire di nuovo a fuoco basso per 10 minuti: in questo modo la salsa si addenserà[10] e diventerà più polposa.
Ora cuocete la pasta come descritto nel paragrafo «cottura della pasta» e fateli saltare[11] in padella. Aggiungete, come decorazione, delle foglie di basilico fresco appena prima di servire in tavola.
Il Parmigiano reggiano è d'obbligo in questa ricetta, che va accompagnata con del vino rosso giovane.

Un consiglio di Maurizio: per non "piangere" con la cipolla, mettetela in una ciotola con l'acqua almeno mezz'ora prima di tagliarla.

---

[4] **versare:** far uscire un liquido; mettere.
[5] **scaldare:** portare a temperatura più alta; rendere più caldo.
[6] **lessare:** cuocere nell'acqua bollente (qui la cipolla deve friggere, non lessare).
[7] **bruciare:** cuocere fino a diventare nero; carbonizzare.
[8] **rosolare:** cuocere a fuoco basso, fino a ottenere una crosta dorata; soffriggere.
[9] **assaggiare:** mangiare qualcosa per giudicare il sapore; gustare; assaporare.
[10] **addensare:** diventare più denso, più consistente, meno liquido, più "polposo".
[11] **saltare:** cuocere a fuoco vivo (alto) e per poco tempo, mescolando frequentemente.

Spaghetti alle vongole

Ingredienti per quattro persone:

. *350 grammi di spaghetti*
. *un chilogrammo di vongole*
. *tre spicchi*[1] *d'aglio*
. *un peperoncino secco sbriciolato*[2]
. *due cucchiai di prezzemolo tritato*[3]
. *sei cucchiai di olio extra vergine d'oliva*
. *sale & pepe a piacere*

Attrezzatura:

. *una pentola grande*
. *un tegame basso e largo con coperchio*
. *un panno*[4] *per filtrare*[5] *il liquido delle vongole*
. *una padella*
. *un colapasta*
. *un mestolo di legno*
. *una ciotola*
. *un coltello*
. *un tagliere*

La ricetta: prendete il colapasta, metteteci dentro le vongole e lavatele sotto l'acqua corrente[6] più volte e con cura[7]; quindi, mettetele in un tegame, copritelo con un coperchio e lasciate cuocere a fuoco basso per circa 15 minuti, in modo che le vongole si aprano.
Arrivati a questo punto, spegnete il fuoco, togliete le vongole dal tegame e filtrate il liquido di cottura con un panno, mettendolo da parte in una

---

[1]**spicchio:** parte, segmento di un'arancia, di un limone o di un aglio.
[2]**sbriciolato:** ridotto in briciole, in pezzi piccolissimi; sminuzzato.
[3]**tritato:** tagliato finemente.
[4]**panno:** pezzo di stoffa.
[5]**filtrare:** passare attraverso un filtro, per trattenere la parte solida.
[6]**acqua corrente:** l'acqua che scorre fresca dal rubinetto.
[7]**con cura:** con attenzione; con premura.

ciotola. Successivamente, togliete le vongole dal guscio[8] (ma non tutte: solo la metà) e sciacquatele[9] in acqua salata, affinché perdano il residuo[10] di sabbia[11] che ancora contengono.
Ora prendete la padella, metteteci l'olio extra vergine d'oliva e fatelo scaldare[12] a fuoco medio; metteteci l'aglio finemente tritato[13] e un cucchiaio di prezzemolo, anch'esso tritato. Quando l'aglio sarà profumato, aggiungeteci le vongole con la metà del liquido filtrato e il peperoncino. Lasciate sul fuoco medio per 5 minuti.
Cuocete gli spaghetti come descritto nel paragrafo «cottura della pasta», scolandoli[14] quando sono ancora "al dente", e metteteli nella padella con le vongole. Colorate la pasta con il prezzemolo, mescolate e... godete[15] di questo straordinario piatto!

Un consiglio di Maurizio: se possibile, usate vongole fresche *veraci*, cioè veramente fresche! Ci sono in commercio buoni prodotti surgelati[16], ma vi assicuro che il sapore della vongola fresca è insuperabile!

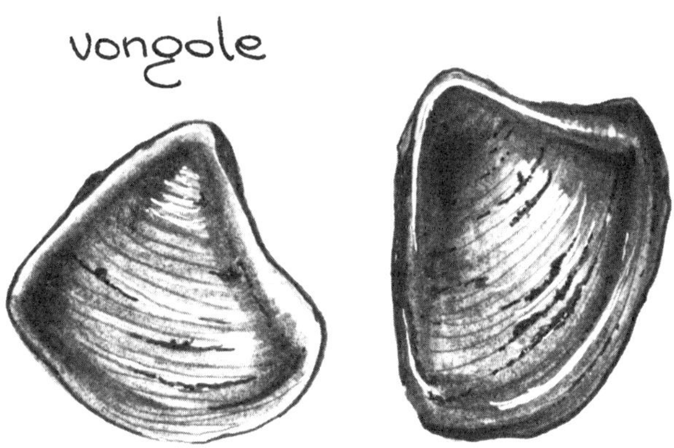

[8]**guscio:** rivestimento esterno che protegge la vongola.
[9]**sciacquare:** togliere con l'acqua lo sporco.
[10]**residuo:** resto; rimanenza.
[11]**sabbia:** insieme di piccolissimi frammenti di minerali: la sabbia del mare, della spiaggia.
[12]**scaldare:** portare a temperatura più alta; rendere più caldo.
[13]**finemente tritato:** tritato (macinato) in modo sottile, in pezzi piccolissimi.
[14]**scolare:** eliminare l'acqua di cottura.
[15]**godere:** provare piacere; gioire.
[16]**surgelati:** conservati a temperatura sotto lo zero, nel congelatore.

Linguine al pesto genovese

Ingredienti per quattro persone:

. *360 grammi di linguine*[1]
. *50 grammi di formaggio Parmigiano reggiano*
. *30 grammi di pinoli*[2]
. *un bicchiere di olio extra vergine d'oliva*
. *otto mazzetti*[3] *di basilico*
. *tre spicchi*[4] *d'aglio*
. *sale a piacere*

Attrezzatura:

. *un frullatore*
. *una padella grande*
. *un cucchiaino*

La ricetta: prendete il basilico, lavatelo e asciugatelo bene; togliete le foglie dai gambi[5]; mettete nel frullatore le foglie, i pinoli, l'aglio sbucciato[6], il formaggio, l'olio e un cucchiaino di sale. Frullate[7] tutto finché non otterrete una salsa verde.
Una volta pronta la salsa, mettetela in frigorifero e cuocete le linguine in acqua abbondante (questo tipo di pasta si attacca facilmente), come descritto nel paragrafo «cottura della pasta», scolatela[8] e conditela[9] con la salsa, mescolandola[10] e facendo saltare[11] il tutto in una padella.
Se necessario, potete aggiungere un po' di parmigiano e, per decorare il piatto, delle foglie intere di basilico.

---

[1] **linguine:** tipo di pasta piatta e lunga, simile alle tagliatelle, ma più stretta.
[2] **pinoli:** semi di pino domestico, racchiusi nella pigna.
[3] **mazzetto:** piccolo mazzo; fascio.
[4] **spicchio:** parte, segmento di un'arancia, di un limone o di un aglio.
[5] **gambo:** la parte sottile che nelle piante sostiene la foglia.
[6] **sbucciare:** togliere la buccia; pelare.
[7] **frullare:** agitare fortemente o sbattere con il frullino o il frullatore.
[8] **scolare:** eliminare l'acqua della cottura.
[9] **condire:** insaporire; dare un buon sapore.
[10] **mescolare:** unire gli ingredienti fra loro; mischiare.
[11] **saltare:** cuocere a fuoco vivo (alto) per poco tempo, mescolando frequentemente.

Visto? Avete preparato il pesto genovese in casa, da soli...!

Un consiglio di Maurizio: durante la preparazione, regolate la quantità di sale, pinoli, formaggio e aglio, assaggiando[12] la salsa di volta in volta.

Un po' di storia: il nome "pesto" deriva dall'espressione "pestare nel mortaio". Il mortaio era un recipiente che si usava molti anni fa nelle farmacie e nelle cucine e che serviva a contenere gli ingredienti da "pestare", cioè da sbriciolare e schiacciare. Nel caso di questa ricetta, gli ingredienti da "pestare" erano l'aglio, i pinoli e il basilico.
Oggi può essere sostituito con un semplice e più pratico frullatore.

[12]**assaggiare:** mangiare qualcosa per giudicare il sapore; gustare; assaporare.

Penne rigate all'arrabbiata

Ingredienti per quattro persone:

. 350 grammi di penne rigate
. tre spicchi d'aglio
. quattro peperoncini secchi piccoli
. cinque cucchiai di olio extra vergine di oliva
. 10 pomodori perini[1] (500 grammi di pomodori pelati già pronti in scatola)
. un cucchiaio di prezzemolo tritato fine
. sale a piacere

Attrezzatura:

. una padella grande con coperchio
. un mestolo di legno
. un tagliere
. un coltello
. una pentola media
. un coltello piccolo
. un colapasta
. due ciotole piccole
. una ciotola grande
. un batticarne
. una schiumarola

La ricetta: prendete la pentola media, riempitela fino a 3/4 di acqua e mettetela sul fuoco, copritela e aspettate che l'acqua bolla.
Nel frattempo lavate i pomodori perini, sbucciate[2] gli spicchi[3] d'aglio, tagliateli a pezzetti (circa 8 pezzetti per spicchio) e metteteli nella prima ciotola; prendete i peperoncini, metteteli sul tagliere, schiacciateli con il batticarne e metteteli nella seconda ciotola.

---

[1] **pomodori perini:** pomodori di forma allungata, simili a una pera; sono i migliori per le salse.
[2] **sbucciare:** togliere la buccia; pelare.
[3] **spicchio:** parte, segmento di un'arancia, di un limone o di un aglio.

Appena l'acqua nella pentola bolle, aggiungetevi due cucchiai di sale e metteteci i pomodori perini; fateli scottare[4] nell'acqua per circa 8 minuti. Toglieteli con la schiumarola e metteteli nel colapasta, sotto l'acqua fredda per raffreddarli un po'. Ora appoggiate i pomodori sul tagliere, sbucciateli e incideteli[5] per levare i semi; tagliateli a pezzetti e metteteli nella ciotola grande.
Prendete la padella e mettetela sul fuoco medio con l'olio extra vergine d'oliva, l'aglio, i peperoncini e il prezzemolo. Fateli soffriggere[6] per due o tre minuti, poi aggiungete i pomodori perini (o 500 grammi di pomodori pelati) e mescolate con il mestolo di legno, infine coprite con il coperchio. Aggiungete del sale in piccole dosi[7], in modo da potervi rendere conto con il vostro palato[8] del gusto della salsa; aggiungete, se desiderate, del peperoncino macinato.
Cuocete il tutto per 15/20 minuti, girando la salsa di tanto in tanto.
A questo punto dovete cuocere la pasta come descritto nel paragrafo «cottura della pasta» e farla saltare[9] in padella con la salsa. Se volete, per aggiungere un po' di colore, metteteci del prezzemolo tritato, prima di servirla.

Un'osservazione: a differenza della ricetta «aglio, olio e peperoncino», in questa ricetta si aggiungono i pomodori.
Sono molto popolari anche gli spaghetti all'arrabbiata, ma io ho preferito consigliarvi le penne, perché la salsa rimane più attaccata[10] alla pasta. Aggiungo, inoltre, che sui libri di cucina si trovano tante versioni di questa ricetta, ma quella che avete qui è la più semplice e di facile realizzazione.

Una curiosità: il nome di questa salsa ("all'arrabbiata") deriva dal fatto che essa è molto piccante e irrita la bocca.

---

[4]**scottare:** far cuocere per pochi minuti; sbollentare.
[5]**incidere:** tagliare.
[6]**soffriggere:** fare friggere a fuoco basso e per poco tempo; rosolare.
[7]**dose:** quantità.
[8]**palato:** senso del gusto.
[9]**saltare:** cuocere a fuoco vivo (alto) e per poco tempo, mescolando frequentemente.
[10]**attaccata**: unita.

Bucatini all'amatriciana

Ingredienti per quattro persone:

. 400 grammi di bucatini
. 200 grammi di pancetta o guanciale
. 400 grammi di pomodori perini[1]
. 50 grammi di formaggio pecorino romano grattugiato[2]
. due peperoncini macinati
. una cipolla
. sale a piacere

Attrezzatura:

. un coltello
. un tagliere
. una pentola media
. una padella
. due ciotole
. un colapasta
. un cucchiaino
. un cucchiaio
. un mestolo di legno

La ricetta: prendete la pentola media, riempitela con acqua fino a metà, mettetela sul fuoco e, appena l'acqua bolle, metteteci un cucchiaio di sale e i pomodori precedentemente lavati. Lasciateli scottare[3] per circa 8 minuti, poi toglieteli e metteteli nel colapasta; lasciateli freddare, toglietegli la buccia[4] e metteteli in una ciotola.
Ora prendete la pancetta, tagliatela a dadini[5], mettetela in una padella e fate dorare[6] questi dadini a fuoco medio, girando ogni tanto con il me-

[1] **pomodori perini:** pomodori di forma allungata, simili a una pera; sono i migliori per le salse.
[2] **grattugiato:** fatto in pezzi piccolissimi con la grattugia; grattato.
[3] **scottare:** far cuocere per pochi minuti; sbollentare.
[4] **buccia:** pelle; scorza.
[5] **dadino:** piccolo cubo; cubetto.
[6] **dorare:** friggere fino a quando l'alimento diventa giallo oro.

stolo di legno; quando i dadini di pancetta sono ben dorati, metteteli in una ciotola.
Sbucciate[7] la cipolla, prendete un tagliere e tagliateci sopra la cipolla a fettine[8] (non troppo sottili[9], perché brucerebbero[10] subito); mettete la cipolla nella padella dove avete dorato la pancetta e fate soffriggere[11] la cipolla nel grasso della pancetta. Quando anche la cipolla è dorata, aggiungete i pomodori, il sale, i peperoncini tritati[12] e tenete sul fuoco per circa 15 minuti.
Fate cuocere i bucatini, come descritto nel paragrafo «cottura della pasta», scolateli[13] e versateli nella padella della salsa, aggiungendovi la pancetta e il pecorino romano grattugiato. Fate saltare[14] in padella e... buon appetito!

Un consiglio di Maurizio: questo piatto va servito ben caldo.

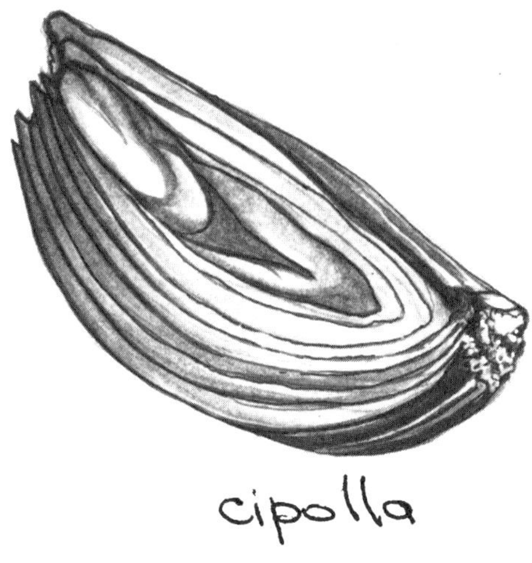

---

7 **sbucciare:** togliere la buccia; pelare.
8 **fettina:** piccola fetta; parte sottile tagliata da un alimento.
9 **sottili:** fini; non grosse; non spesse.
10 **bruciare:** cuocere fino a diventare nero; carbonizzare.
11 **soffriggere:** fare friggere a fuoco basso e per poco tempo; rosolare.
12 **tritati:** ridotti in piccoli pezzi; sminuzzati; tagliati; macinati.
13 **scolare:** eliminare l'acqua della cottura.
14 **saltare:** cuocere a fuoco vivo (alto) e per poco tempo, mescolando frequentemente.

La preparazione della pasta fresca all'uovo

La pasta fresca all'uovo è quella fatta in casa a mano con le uova, la farina e un po' di sale e di solito viene chiamata «pasta all'uovo». La troviamo anche in commercio nei negozi in varie forme e con nomi diversi.
Questo tipo di pasta appare sulle tavole intorno al 1700 nella zona che oggi si chiama Emilia Romagna; ha origini contadine, perché nelle fattorie[1] le uova e la farina si producevano facilmente e in abbondanza.
La pasta all'uovo si preparava a mano e questa tradizione è arrivata fino a noi, anche se oggi ci sono in commercio delle macchinette che hanno sostituito il *matterello*, usato dalle massaie[2] di una volta per stendere la pasta[3].
Bene, adesso vi insegno come si fa la pasta all'uovo in casa.

Ingredienti per quattro persone:

. *200 grammi di semola[4] di grano duro (serve per la lavorazione della pasta)*
. *200 grammi di farina bianca tipo "00"*
. *100 grammi di semola di grano duro*
. *cinque tuorli d'uovo (il giallo dell'uovo)*
. *un cucchiaino d'olio extra vergine d'oliva*
. *un cucchiaino di sale*

Attrezzatura:

. *un matterello (o una macchina per fare la pasta a mano)*
. *un tavolo con il piano liscio*
. *un coltello per tagliare la pasta*
. *una forchetta*
. *un panno grande*
. *un cucchiaino*

---

[1] **fattoria**: azienda agricola; podere.
[2] **massaia**: donna che si occupa dei lavori domestici e dell'amministrazione della casa; casalinga.
[3] **stendere la pasta**: ridurre l'impasto in uno strato sottile.
[4] **semola**: farina grossa che si ottiene con la macinazione del grano duro.

La preparazione: mettete sul tavolo la farina "00" e la semola; mescolatele[5] e disponetele[6] a forma di vulcano, poi mettete al centro del vulcano i gialli delle uova, un cucchiaino di sale e un cucchiaino d'olio.
A questo punto rompete le uova con la forchetta e amalgamate[7] il tutto, girando in senso rotatorio, incorporando[8] la farina piano piano, fino a ottenere una pastella[9] che dovrete poi mescolare con le mani e lavorare fino a ottenere una palla liscia, morbida e omogenea.
Per raggiungere questo risultato, bisogna fare attenzione che la pasta non si attacchi[10] al tavolo, cospargendo[11] della semola sul piano di lavoro.
Una volta formata la palla, dovrete coprirla con un panno e lasciarla riposare per circa un'ora (attenzione: in estate non lasciatela riposare troppo, altrimenti si secca e diventa difficile lavorarla).
Dopo averla fatta riposare, pulite bene il piano di lavoro e cospargetelo ancora di semola. Poi prendete la pasta e, con l'aiuto delle dita e del palmo della mano[12], cominciate a darle una forma rotonda e piatta, come una pizza.
Arrivati a questo punto, prendete il matterello e cominciate a tirare la pasta[13], iniziando sempre dal centro e andando verso l'esterno. In pratica, dovete cercare di ottenere una forma rotonda, sottile come un foglio di carta: questa forma si chiama sfoglia. Questa sfoglia è la base per tutte le forme di pasta all'uovo.
Bene, ora prepariamo qualche piatto con la pasta all'uovo.

Un'osservazione: per evitare questo difficile lavoro con il matterello, potete usare anche una macchina per tirare la pasta, che dà sempre ottimi risultati.

---

[5] **mescolare**: unire gli ingredienti fra loro; mischiare.
[6] **disporre**: sistemare; collocare; mettere.
[7] **amalgamare**: mescolare bene; impastare; unire.
[8] **incorporare**: mescolare; amalgamare; impastare.
[9] **pastella**: impasto semiliquido, a base di farina.
[10] **attaccarsi**: appiccicarsi; unirsi; aderire; restare attaccato.
[11] **cospargere**: spargere; lasciare cadere; mettere.
[12] **palmo della mano**: parte interna ed estesa della mano.
[13] **tirare la pasta**: stendere la pasta; vedi la nota 3 di questa ricetta.

Tagliatelle ai funghi

Ingredienti per quattro persone:

. 400 grammi di tagliatelle all'uovo
. 50 grammi di funghi secchi porcini
. 50 grammi di burro o panna
. tre cucchiai di olio extra vergine d'oliva
. una cipolla bianca piccola
. sale & pepe a piacere

Attrezzatura:

. un colino
. un mestolo di legno
. una pentola media
. un coltello
. un tagliere
. una padella
. un vassoio
. una ciotola
. un cucchiaino

La ricetta: una volta preparata la pasta sfoglia sottile, cospargete[1] di semola il piano di lavoro e la sfoglia su tutti e due i lati, in modo che questa non si attacchi[2]. Arrotolatela[3], mettetela sul tagliere e con il coltello tagliatela trasversalmente a strisce[4] larghe un centimetro: ecco fatte le tagliatelle! Finita questa operazione, mettete in un vassoio le vostre tagliatelle e fatele asciugare[5] per almeno due ore.
Mentre la pasta si asciuga, mettete i funghi in una ciotola con dell'acqua tiepida[6] e fateli ammorbidire[7] per circa 30 minuti; poi prendete una pa-

---

[1]**cospargere**: spargere, lasciare cadere; mettere.
[2]**attaccarsi**: appiccicarsi; unirsi; aderire.
[3]**arrotolare**: avvolgere qualcosa edargli una forma cilindrica; avvoltolare.
[4]**striscia**: forma lunga e stretta; lista.
[5]**asciugare**: eliminare il liquido; rendere asciutto.
[6]**tiepida**: moderatamente calda; non molto calda.
[7]**ammorbidire**: rendere morbido; ammollare.

della e metteteci dentro tre cucchiai di olio extra vergine d'oliva e la cipolla tagliata a fette[8] sottili. Fate dorare[9] la cipolla, quindi mettete i funghi secchi ammorbiditi; successivamente aggiungete[10] anche l'acqua dei funghi, filtrandola[11] con un colino direttamente sulla padella: in questo modo eviterete[12] che la terra vada a finire nella padella.
Fate cuocere il tutto per circa 20 minuti, aggiungendo del sale (un cucchiaino) e, se volete, un dado da brodo vegetale.
Dopo che la salsa è pronta, cuocete la pasta in acqua abbondante salata, come descritto nel paragrafo «cottura della pasta», ricordando che la pasta a mano cuoce molto rapidamente, e quando le tagliatelle vengono a galla[13], scolatele e mettetele direttamente nella padella.
Fate saltare[14] il tutto, aggiungendoci 50 grammi di panna o burro.
Buon appetito!

Un consiglio di Maurizio: personalmente sono contrario all'uso della panna per questo piatto, dato che la panna non "rende giustizia", cioè non valorizza[15] il sapore dei funghi e rischia di nasconderne[16] il sapore intenso.
Il mio consiglio è di usare il burro.

[8]**fetta**: porzione di qualcosa, parte sottile tagliata da un alimento.
[9]**dorare**: friggere fino a quando l'alimento diventa giallo oro.
[10]**aggiungere**: mettere in più.
[11]**filtrare**: far passare un liquido attraverso un filtro, trattenendo il solido.
[12]**evitare**: impedire; prevenire; non permettere.
[13]**venire a galla**: venire in superficie; emergere.
[14]**saltare**: cuocere a fuoco vivo (alto) e per poco tempo, mescolando frequentemente.
[15]**valorizzare**: mettere in risalto; esaltare; evidenziare.
[16]**nascondere**: coprire; occultare; celare.

Tortellini alla panna

Ingredienti per quattro persone:

. 500 grammi di tortellini
. 250 grammi di panna da cucina
. 200 grammi di prosciutto cotto
. sale & pepe a piacere

Attrezzatura:

. un mestolo di legno
. un coltello
. un tagliere
. una pentola media
. una padella
. una schiumarola

La ricetta: tagliate il prosciutto a dadini[1]; mettete la panna in una padella e ponetela[2] sul fuoco. Quando la panna si è sciolta[3], aggiungete[4] il prosciutto che avete tagliato in precedenza e mescolate[5].
Nel frattempo, fate cuocere i tortellini, come descritto nel paragrafo «cottura della pasta» e quando questi sono pronti (ve ne accorgerete, perché vengono a galla[6]), tirateli fuori con la schiumarola e metteteli nella padella con la panna e il prosciutto.
Aggiungete del pepe, fateli saltare[7] e serviteli ben caldi.

Un'osservazione: anche i tortellini, naturalmente, si possono fare a mano, ma la loro preparazione è molto difficile. Ci sono in commercio ottimi prodotti freschi, già pronti. Chi non ha molto tempo o poca pratica nella preparazione a mano, può senza dubbio comprare questi tortellini e limitarsi alla preparazione della salsa.

---

[1] **dadino**: piccolo dado; piccolo cubo; cubetto.
[2] **porre**: mettere.
[3] **sciogliersi**: diventare liquido; fondersi; liquefarsi.
[4] **aggiungere**: mettere in più.
[5] **mescolare**: unire gli ingredienti fra loro; mischiare.
[6] **venire a galla**: venire in superficie; emergere.
[7] **saltare**: cuocere a fuoco vivo (alto) e per poco tempo, mescolando frequentemente.

2.
Gli gnocchi, il riso e le minestre

Gnocchi di patate con burro e salvia

Gnocchi ai quattro formaggi

Gnocchi in salsa di zucca

Risotto alla milanese

Risotto alle seppie

Risotto ai carciofi

Pappa al pomodoro

Pasta e fagioli

Ribollita

Introduzione agli gnocchi, al riso e alle minestre

Gli gnocchi più in uso nella cucina italiana sono quelli a base di verdura, che sono senza dubbio anche i più appetitosi[1]. Le verdure (spinaci, erbette, zucca, carote, ecc...) vengono lessate[2], frullate[3] e mescolate con farina, uova, formaggio e altri ingredienti che danno consistenza[4] al composto[5].
Esistono anche gli gnocchi al semolino, più raffinati[6] e che richiedono la gratinatura[7] in forno.
Ma gli gnocchi più famosi sono quelli di patate e potete imparare a farli da soli in casa, leggendo la ricetta che troverete all'inizio del capitolo.

Il riso viene usato in prevalenza nelle regioni del Nord dell'Italia, dove viene anche prodotto in grande quantità.
Esistono vari tipi di riso, specifici per ogni tipo di preparazione; ad esempio, il *Vialone* e l'*Arborio* si usano per i risotti; il *Maratelli* e il *Rizzotto* sono indicati per le minestre in brodo; l'*RB* e il *Razza 77* per il riso pilaf, cioè cotto in forno.
Per evitare sorprese, consiglio di usare sempre un riso che non scuoce[8], cioè resta "duro", al dente: guardate quindi sempre l'etichetta[9] e scegliete il riso che resiste di più alla cottura.

---

[1] **appetitosi**: che stuzzicano l'appetito; gustosi; saporiti.
[2] **lessare:** cuocere in acqua bollente.
[3] **frullare**: agitare o sbattere fortemente con il frullino o con il frullatore elettrico.
[4] **consistenza**: compattezza; solidità.
[5] **composto**: tutto ciò che è formato da due o più ingredienti; salsa.
[6] **raffinati**: ricercati; fini; squisiti; classici; belli da presentare.
[7] **gratinatura**: cottura in forno con doratura finale con il grill superiore.
[8] **scuocere**: cuocere oltre il tempo dovuto, oltre il tempo ottimale; cuocere troppo.
[9] **etichetta**: cartellino dove c'è scritto il contenuto del prodotto, la qualità, il tempo di cottura, il prezzo, gli ingredienti, il contenuto calorico, ecc...

Le minestre (o zuppe) una volta venivano preparate con le verdure dell'orto[10], che in estate offriva prodotti come il basilico, i pomodori, il prezzemolo, le carote, le cipolle, gli zucchini, le melanzane, i peperoni e vari tipi di insalate; in inverno, invece, si potevano raccogliere[11] il cavolo nero, il cavolfiore, i porri, la verza, ecc... .
Oggi purtroppo quasi nessuno di noi possiede un orto, ma possiamo comunque preparare molte minestre con le verdure fresche che ci offrono... il supermercato e gli altri negozi.
Le minestre che troverete in questo capitolo sono di vario tipo: zuppe con soffritto[12] di cipolla o aglio, zuppe di pane, zuppe con passati di ceci e fagioli. E sono tutte buonissime!

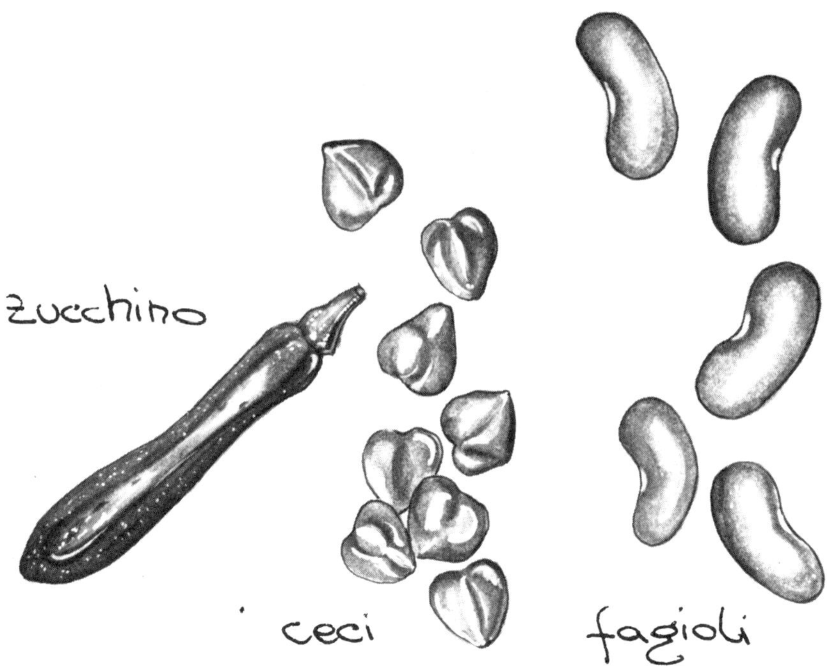

[10]**orto**: piccolo pezzo di terra, coltivato a verdure, legumi e frutta.
[11]**raccogliere**: prendere i frutti della terra o i prodotti agricoli.
[12]**soffritto**: erbe aromatiche e cipolla o aglio, tritate e cotte a fuoco basso con l'olio o il burro; battuto.

La preparazione degli gnocchi di patate

Ingredienti per quattro persone:

. *1 chilogrammo di patate bianche farinose*
. *150 grammi di semola di grano duro*
. *150 grammi di farina*
. *un uovo*
. *½ cucchiaino di noce moscata*
. *due cucchiaini di sale*

Attrezzatura:

. *una pentola con coperchio*
. *una grattugia o una forchetta*
. *un pelapatate*
. *un passaverdura*
. *un colapasta*

La preparazione: fate cuocere le patate, sbucciate e tagliate in quattro pezzi in una pentola con 1,5 litri di acqua e due cucchiaini di sale per 20 minuti; quindi scolatele[1] e passatele con il passaverdura, fino a ottenere un puré. A questo punto mettete le patate sul tavolo con la farina, la semola, un po' di sale, la noce moscata e un uovo e seguite queste istruzioni in ordine:
a) unite il tutto per ottenere un impasto omogeneo b) arrotolate la pasta, pezzo per pezzo, sul piano di lavoro, fino a quando otterrete dei lunghi bastoncini c) tagliate i bastoncini a pezzetti della lunghezza di circa 2 centimetri, infarinando ogni tanto il piano di lavoro d) passate gli gnocchi, uno ad uno, sul rovescio di una grattugia, premendo[2] un po' con il pollice (potete usare anche una forchetta). Gli gnocchi sono pronti!

Un consiglio di Maurizio: non fate cuocere troppo le patate, perché assorbirebbero troppa acqua; ricordate anche che gli gnocchi si cuociono in abbondante acqua bollente salata e che sono pronti quando vengono a galla[3].

---

[1] **scolare**: eliminare l'acqua della cottura.
[2] **premere**: fare pressione; pigiare; pressare.
[3] **venire a galla**: venire in superficie; emergere.

Gnocchi di patate con burro e salvia

Ingredienti per quattro persone:

. 500 grammi di gnocchi di patate
. 80 grammi di burro
. 10 foglie di salvia
. due cucchiai di parmigiano grattugiato[1]
. 30 granelli[2] *di pepe verde*
. sale a piacere

Attrezzatura:

. una pentola
. una padella
. un colapasta

La ricetta: fate bollire l'acqua per gli gnocchi (ricordate che gli gnocchi cuociono di solito in soli 5 minuti, e comunque sono pronti quando vengono a galla[3]).
Mentre gli gnocchi sono nell'acqua bollente, fate sciogliere[4] il burro nella padella, insieme alla salvia.
Appena gli gnocchi sono cotti, scolateli[5] e metteteli nella padella con il parmigiano. Fate saltare[6] il tutto e servite, decorando il piatto con i granelli di pepe verde.

Un'osservazione: non ho voluto dilungarmi[7] su questo piatto, ma ho voluto citarlo come un piatto che ci può salvare in tante situazioni dove siamo di fretta e manca il tempo di cucinare.
Questi gnocchi, non solo sono buoni, ma ci permettono di mettere a tavola le persone in soli cinque minuti, il che è un bel vantaggio, non credete?

---

[1]**grattugiato**: fatto in pezzi piccolissimi con la grattugia; grattato.
[2]**granello**: seme; chicco.
[3]**venire a galla**: venire in superficie; emergere.
[4]**sciogliere**: diventare liquido; fondere; liquefare.
[5]**scolare**: eliminare l'acqua della cottura.
[6]**saltare**: cuocere a fuoco vivo (alto) e per poco tempo, mescolando frequentemente.
[7]**dilungarsi**: parlare a lungo, per molto tempo; parlare troppo.

Gnocchi ai quattro formaggi

Ingredienti per quattro persone:

. 400 grammi di gnocchi di patate
. 50 grammi di parmigiano grattugiato[1]
. 50 grammi di gorgonzola
. 50 grammi di emmental
. 50 grammi di stracchino
. un po' di noce moscata
. un bicchiere di latte
. sale a piacere

Attrezzatura:

. una pentola
. una padella
. un mestolo di legno
. un coltello
. un tagliere
. un colapasta

La ricetta: prendete il tagliere e con il coltello tagliate in piccoli pezzi il gorgonzola e l'emmental. Prendete la padella e metteteci un bicchiere di latte. Fatelo scaldare[2] un po' e aggiungeteci[3] i formaggi più duri, cioè il gorgonzola e l'emmental; quando questi formaggi si sono sciolti[4], uniteci[5] anche lo stracchino, il parmigiano e un cucchiaino di sale (in questo caso, se volete, anche due cucchiai di panna da cucina).
Amalgamate[6] il tutto, fino a ottenere una crema di formaggi omogenea[7].
Fate cuocere gli gnocchi in abbondante acqua salata (ricordatevi i consigli contenuti nel capitolo sulla cottura) e, quando sono pronti, cioè nel

---

[1] **grattugiato**: fatto in pezzi piccolissimi con la grattugia; grattato.
[2] **scaldare**: portare a temperatura più alta; rendere più caldo.
[3] **aggiungere**: mettere in più.
[4] **sciogliersi**: diventare liquido; fondersi; liquefarsi.
[5] **unire**: mettere insieme; aggiungere.
[6] **amalgamare**: mescolare bene; impastare; unire.
[7] **omogenea**: uniforme; ben amalgamata.

momento in cui vengono in superficie[8], scolateli[9] e metteteli nella padella con la crema di formaggi. Fate saltare[10] il tutto e servite immediatamente! I vostri gnocchi ai quattro formaggi sono pronti!

Un consiglio di Maurizio: mi raccomando, amici, mangiateli subito, perché si asciugano[11] velocemente e la vostra bella crema di formaggi potrebbe diventare dura e immangiabile!
Se volete, potete servire questo piatto con un po' di rucola, come decorazione.

[8]**venire in superficie**: venire a galla; emergere.
[9]**scolare**: eliminare l'acqua della cottura.
[10]**saltare**: cuocere a fuoco vivo (alto) e per poco tempo, mescolando frequentemente.
[11]**asciugarsi**: perdere il liquido; diventare asciutti.

Gnocchi in salsa di zucca

Ingredienti per quattro persone:

. 500 grammi di gnocchi
. 500 grammi di zucca gialla
. 125 millilitri di panna da cucina
. 30 grammi di parmigiano
. una cipolla bianca
. un dado da brodo vegetale
. quattro cucchiai di olio extra vergine d'oliva
. sale a piacere

Attrezzatura:

. una pentola
. una padella
. un pentolino
. una ciotola
. un bicchiere
. un tagliere
. un coltello
. un cucchiaio
. un frullatore
. un colapasta

La ricetta: prendete il pentolino, metteteci due bicchieri d'acqua e scioglieteci[1] il dado; poi prendete ¼ della zucca, tagliatela a cubetti[2] piccoli e metteteli nella ciotola: vi serviranno alla fine come decorazione.
Tagliate la cipolla e la zucca a pezzetti e mettete nella padella la cipolla, con quattro cucchiai di olio extra vergine d'oliva e un po' di brodo. Fate cuocere il tutto a fuoco basso, in modo che la cipolla lessi[3] e non sof-

---

[1] **sciogliere**: diventare liquido; fondere; liquefare.
[2] **cubetto**: pezzetto a forma di piccolo cubo; dadino.
[3] **lessare**: cuocere nell'acqua bollente.

frigga[4]. Dopo qualche minuto aggiungete[5] anche la zucca, un pizzico di sale e fate cuocere il tutto per circa 10 minuti.
Arrivati a questo punto, togliete la salsa dal fuoco e frullatela[6], quindi aggiungete il parmigiano e la panna. Mescolate[7] un po' e la salsa... è pronta!
Fate cuocere gli gnocchi in abbondante acqua salata (ricordatevi i consigli contenuti nel capitolo sulla cottura) e, quando sono pronti, scolateli[8] e conditeli[9] con questa salsa delicata[10] che avete preparato, decorando[11] il piatto con i cubetti di zucca.
Se volete, potete aggiungere ancora un po' di parmigiano.

Un consiglio di Maurizio: se la salsa dovesse essere troppo acquosa[12], rimettetela nella pentola e cuocetela a fuoco basso per alcuni minuti, in questo modo si ritirerà[13] un po'.

---

[4]**soffriggere**: fare friggere a fuoco basso e per poco tempo; rosolare.
[5]**aggiungere**: mettere in più.
[6]**frullare**: agitare o sbattere fortemente con il frullino o con il frullatore elettrico.
[7]**mescolare**: unire gli ingredienti fra loro; mischiare.
[8]**scolare**: eliminare l'acqua di cottura.
[9]**condire**: rendere gradevole il sapore; insaporire.
[10]**delicata**: non troppo forte; gustosa; leggera e di facile digestione.
[11]**decorare**: rendere più bello; abbellire; ornare.
[12]**acquosa**: con troppa acqua: troppo liquida.
[13]**ritirarsi**: diventare meno acquoso; essere più denso.

Risotto alla milanese

Ingredienti per quattro persone:

. 400 grammi di riso
. 100 grammi di burro
. 50 grammi di parmigiano grattugiato[1]
. un litro di brodo vegetale
. un bicchiere di vino bianco secco
. una bustina di zafferano
. una cipolla bianca
. sale a piacere

Attrezzatura:

. una padella grande
. un mestolo di legno
. un bicchiere
. un pentolino
. un tagliere
. un coltello

La ricetta: prendete il pentolino e preparate un litro di brodo vegetale con i due dadi. Mentre si forma il brodo, prendete la padella e mettetela sul fuoco con dentro 70 grammi di burro; fate sciogliere[2] il burro e unite la cipolla tagliata a fette[3]. Quando la cipolla è imbrunita[4], aggiungete[5] un bicchiere di vino bianco secco e fatelo evaporare[6].
A questo punto mettete il riso nella padella e iniziate la cottura, girando continuamente il riso con il mestolo e aggiungendo ogni tanto piccole quantità di brodo (questa operazione si indica con un verbo preciso: "mantecare").

---

[1]**grattugiato**: fatto in pezzi piccolissimi con la grattugia; grattato.
[2]**sciogliere**: diventare liquido; fondere; liquefare.
[3]**fetta**: porzione di qualcosa, parte sottile tagliata da un alimento.
[4]**imbrunire**: dorare un po' di più; far diventare di colore scuro, quasi marrone.
[5]**aggiungere**: mettere in più.
[6]**evaporare**: diventare vapore; svaporare; volatilizzarsi.

Mentre il riso sta cuocendo nella padella grande, prendete lo zafferano e fatelo sciogliere in un bicchiere d'acqua, aggiungendo un cucchiaino di sale.
Portate a termine[7] la cottura del riso, sempre aggiungendo il brodo, e alla fine unite[8] lo zafferano, i 30 grammi di burro che sono rimasti e girate con il mestolo.

Una variante di Maurizio: ammorbidite[9] 30 grammi di funghi porcini secchi[10] in una tazza di acqua tiepida[11] e aggiungeteli alla cipolla poco prima di mettere il riso.

Un po' di storia: come si capisce dal nome, è uno dei piatti tipici della cucina lombarda[12], ma viene cucinato in tutte le famiglie italiane.
Sembra che lo zafferano (indispensabile in questa ricetta) sia stato importato dall'Oriente nell'epoca di maggior traffico commerciale tra quest'ultimo e Venezia.

[7] **portare a termine**: completare; terminare; finire.
[8] **unire**: mettere insieme; aggiungere.
[9] **ammorbidire**: rendere morbido; ammollare.
[10] **secchi**: asciutti; disidratati; senza acqua.
[11] **tiepida**: non troppo calda.
[12] **lombarda**: da «Lombardia», la regione di cui Milano è il capoluogo.

Risotto alle seppie

Ingredienti per quattro persone:

. 300 grammi di riso
. 500 grammi di seppie
. quattro cucchiai di olio extra vergine d'oliva
. mezzo bicchiere di vino bianco
. uno spicchio[1] di aglio
. un ciuffetto[2] di prezzemolo tritato
. un peperoncino tritato[3]
. ¼ di cipolla
. un dado da brodo vegetale
. sale & pepe a piacere

Attrezzature:

. un mestolo di legno
. un tagliere
. un coltello
. una casseruola
. una ciotola
. un pentolino

La ricetta: prendete il pentolino e preparate mezzo litro di brodo; poi tritate la cipolla e lo spicchio d'aglio; lavate le seppie e asciugatele[4]; quando sono ben asciutte, tagliatele finemente e mettetele in una ciotola.
A questo punto prendete la casseruola e fateci scaldare[5] l'olio; metteteci la cipolla e fatela ammorbidire[6] un po', quindi aggiungete[7] l'aglio e, dopo 3 minuti, potete mettere le seppie tagliate a pezzetti. Fate cuocere per 5 minuti, poi aggiungete il vino bianco e il peperoncino. Quando il vino è

---

[1] **spicchio**: parte, segmento di un'arancia, di un limone o di un aglio.
[2] **ciuffetto:** piccolo ciuffo; piccola quantità.
[3] **tritato**: ridotto in piccoli pezzi; sminuzzato; tagliato; macinato.
[4] **asciugare**: eliminare il liquido; rendere asciutto; disidratare.
[5] **scaldare**: portare a temperatura più alta; rendere più caldo.
[6] **ammorbidire**: rendere morbido; ammollare.
[7] **aggiungere**: mettere in più.

evaporato[8], unite il riso e, piano piano, il brodo, girando con il mestolo di legno. Ultimate[9] la cottura (circa 20 minuti) aggiungendo sempre un po' di brodo, il sale e alla fine un po' di pepe.
Decorate[10] con il prezzemolo.

Un consiglio di Maurizio: con questo piatto va bevuto un vino bianco secco, come ad esempio la *Vernaccia di San Gimignano*.

[8]**evaporare**: diventare vapore; svaporare; volatilizzarsi.
[9]**ultimare**: terminare; finire; concludere.
[10]**decorare**: rendere più bello; abbellire; ornare.

Risotto ai carciofi

Ingredienti per quattro persone:

. *300 grammi di riso*
. *100 grammi di parmigiano grattugiato*[1]
. *120 grammi di prosciutto crudo piuttosto grasso*
. *sei carciofi piccoli, freschi e teneri*[2]
. *50 grammi di burro*
. *mezzo litro di brodo*
. *un cucchiaio di prezzemolo tritato*[3]
. *mezzo bicchiere di succo di limone*
. *due spicchi*[4] *d'aglio*
. *sale a piacere*

Attrezzatura:

. *un coltello*
. *un tagliere*
. *una ciotola*
. *un frullatore*
. *una padella grande*
. *una pentola*
. *un cucchiaio*

La ricetta: prendete i carciofi e toglietegli le prime foglie, fino a lasciarvi il cuore. Tagliateli ciascuno in quattro spicchi e metteteli in una ciotola con un litro d'acqua e il succo di limone. A questo punto prendete una pentola, riempitela d'acqua e mettetela sul fuoco. Quando l'acqua bolle, metteteci un cucchiaio di sale e i carciofi a scottare[5].

---

[1]**grattugiato**: fatto in pezzi piccolissimi con la grattugia; grattato.
[2]**teneri**: non duri; morbidi.
[3]**tritato**: ridotto in piccoli pezzi; sminuzzato; tagliato finemente.
[4]**spicchio**: parte, segmento di un'arancia, di un limone o di un aglio.
[5]**scottare**: fare cuocere per pochi minuti; sbollentare.

Mentre i carciofi scottano nell'acqua, tagliate a pezzetti il prosciutto e mettetelo nel frullatore con l'aglio, il prezzemolo e tre cucchiai di brodo. Frullate[6] fino a ottenere un composto[7] omogeneo.
Ora fate sciogliere 50 grammi di burro in una padella e metteteci il frullato con il riso e fate cuocere, aggiungendo[8], se necessario, un po' di brodo.
La cottura di questo piatto dura circa 20 minuti, durante i quali dovete mettere i carciofi già scottati.
Alla fine, unite al tutto un cucchiaio di burro e il parmigiano, fate saltare[9] e servite immediatamente.

Un consiglio di Maurizio: durante la cottura è bene assaggiare frequentemente il risotto e controllare che il riso non scuocia[10].

[6]**frullare**: agitare o sbattere fortemente con il frullino o con il frullatore elettrico.
[7]**composto**: tutto ciò che è formato da due o più ingredienti; salsa.
[8]**aggiungere**: mettere in più.
[9]**saltare**: cuocere a fuoco vivo (alto) e per poco tempo, mescolando frequentemente.
[10]**scuocere**: cuocere troppo.

Pappa al pomodoro

Ingredienti per quattro persone:

. 300 grammi di pane toscano raffermo (duro, secco, non più fresco)
. 500 grammi di pomodori maturi (o pelati in scatola)
. sei cucchiai di olio extra vergine d'oliva
. due peperoncini secchi tritati
. otto foglie di basilico
. tre spicchi[1] d'aglio
. una cipolla piccola
. due dadi da brodo vegetale
. sale & pepe nero a piacere

Attrezzatura:

. una pentola media
. un pentolino
. una bacinella
. un mestolo di legno lungo
. un tagliere
. un coltello
. un cucchiaio

La ricetta: prendete il pentolino e preparate il brodo con i due dadi; quando questo è pronto, mettetelo in una bacinella.
Fate a pezzi non troppo grandi il pane raffermo e mettetelo nella bacinella, immergendolo[2] completamente nel brodo.
Ora prendete la pentola media, mettete dentro sei cucchiai di olio extra vergine d'oliva, la cipolla tagliata finemente e gli spicchi d'aglio sbucciati[3] interi. Fate dorare[4] la cipolla e l'aglio, quindi mettete il pane raffermo inzuppato[5] nel brodo, salate il tutto a piacere e mescolate[6] per 10 minuti.

---

[1]**spicchio**: parte, segmento di un'arancia, di un limone o di un aglio.
[2]**immergere**: mettere in un liquido; affondare.
[3]**sbucciati**: senza la buccia; pelati.
[4]**dorare**: friggere fino a quando l'alimento diventa giallo oro.
[5]**inzuppare**: bagnare completamente; impregnare.
[6]**mescolare**: unire gli ingredienti fra loro; mischiare.

Arrivati a questo punto, aggiungete[7] le foglie di basilico e i pomodori maturi. Mescolate il tutto, girando continuamente a fuoco basso per 30 minuti (durante la cottura, mettete anche i peperoncini e del sale, secondo la necessità). Alla fine, pepate[8].
Otterrete così una pappa[9] abbastanza cremosa, che potete servire, come la ribollita, nelle classiche ciotole di terracotta toscane, con sopra un filo d'olio extra vergine d'oliva crudo e alcune foglie di basilico intere per decorazione.

Un po' di storia: questo è un piatto esclusivo della cucina toscana, che ci riporta alla vera tradizione contadina delle minestre di pane. Si faceva una volta alla settimana, per non buttare via il pane secco avanzato.

---

[7]**aggiungere**: mettere in più.
[8]**pepare**: mettere del pepe.
[9]**pappa**: sostanza densa.

Pasta e fagioli

Ingredienti per quattro persone:

. 200 grammi di pasta da minestra, tipo "sedanini"
. 250 grammi di fagioli cannellini
. sei cucchiai di olio extra vergine d'oliva
. tre spicchi[1] *d'aglio*
. sei foglie di salvia
. un rametto di rosmarino
. un peperoncino tritato[2]
. sale & pepe nero a piacere

Attrezzatura:

. una pentola bassa e larga
. un mestolo di legno
. un cucchiaio

La ricetta: prendete la salvia, lavatela e asciugatela[3]; poi sbucciate[4] l'aglio e preparate il rosmarino, togliendo gli aghi dal rametto.
Ora, prendete la pentola, mettetela su un fuoco basso, versateci sei cucchiai di olio extra vergine d'oliva, fatelo scaldare[5] e aggiungeteci[6] il rosmarino, l'aglio, il peperoncino tritato e la salvia. Girate tutto con il mestolo di legno, per insaporire[7] l'olio; dopo 10 minuti (quando l'aglio è ben dorato[8]) togliete la pentola dal fuoco e togliete anche tutti gli aromi[9].
A questo punto rimettete la pentola sul fuoco con dentro i fagioli (con il loro liquido, se i fagioli sono in scatola). Scaldate i fagioli, aggiungete la pasta e lasciate il tutto a fuoco medio, finché la pasta è cotta.

---

[1] **spicchio**: parte, segmento di un'arancia, di un limone o di un aglio.
[2] **tritato**: ridotto in piccoli pezzi; sminuzzato; tagliato finemente.
[3] **asciugare**: eliminare l'acqua; rendere asciutto.
[4] **sbucciare**: togliere la buccia; pelare.
[5] **scaldare**: portare a una temperatura più alta; rendere più caldo.
[6] **aggiungere**: mettere in più.
[7] **insaporire**: rendere gustoso; dare sapore.
[8] **dorare**: friggere fino a quando l'alimento diventa giallo oro.
[9] **aroma**: erba o spezia di origine vegetale, di odore e sapore gradevole (es: prezzemolo, rosmarino...).

Raggiunta la cottura, servite la minestra nel piatto con un filo d'olio crudo e una spolverata di pepe nero.
La vostra pasta e fagioli è pronta! Buon appetito!

Un'osservazione: in alcune ricette i fagioli vengono "passati", cioè viene fatto un puré, ma io li preferisco interi.
A proposito di fagioli, per questo piatto si possono usare sia i fagioli in scatola (più pratici), sia i fagioli secchi[10]. In quest'ultimo caso, ricordate che prima di essere usati per questo piatto, dovete metterli "a bagno" (cioè in una ciotola con l'acqua che li copre interamente) per una notte, finché non si ammorbidiscono[11].

[10]**secchi**: asciutti; duri (in questo caso).
[11]**ammorbidirsi**: diventare morbido; perdere la durezza, assorbendo l'acqua.

Ribollita

Ingredienti per quattro persone:

. *400 grammi di pane raffermo (duro, vecchio, non più fresco)*
. *150 grammi di fagioli cannellini*
. *otto foglie di cavolo nero*
. *quattro foglie di bietola*
. *una patata*
. *una carota*
. *una cipolla*
. *un sedano*
. *un peperoncino*
. *due litri d'acqua*
. *due dadi da brodo vegetale*
. *quattro pomodori*
. *mezzo bicchiere di vino rosso*
. *mezzo bicchiere di olio extra vergine d'oliva*
. *sale & pepe a piacere*

Attrezzatura:

. *una pentola grande*
. *un mestolo di legno lungo*
. *un tagliere*
. *un coltello*
. *un colapasta*
. *un pentolino medio*
. *una pirofila grande*

La ricetta: Prendete il pentolino, preparate del brodo e mettetelo in una pirofila grande; poi metteteci dentro il pane raffermo e fatelo ammorbidire[1] nel brodo per circa 30 minuti.
Lavate tutte le verdure nel colapasta; quindi prendete il tagliere e tagliate: il cavolo nero e le bietole a strisce[2] larghe circa due centimetri; la patata

---

[1] **ammorbidire**: rendere morbido; ammollare.
[2] **striscia**: forma lunga e stretta; lista.

in quattro parti; il sedano a strisce larghe circa un centimetro; la carota a cubetti[3]; la cipolla a fette[4] sottili e i pomodori a pezzi.
Quando tutte le verdure sono pronte, prendete la pentola, metteteci mezzo bicchiere di olio extra vergine d'oliva, fatelo scaldare[5] e metteteci la cipolla; fatela dorare[6] a fuoco medio, aggiungeteci mezzo bicchiere di vino rosso e fatelo evaporare[7]. Quando tutto il vino è "scomparso", aggiungeteci tutte le verdure, compresi i fagioli, e coprite con acqua. Mettete il sale e il peperoncino e fate bollire il tutto per circa un'ora. A questo punto aggiungete il pane e girate con il mestolo per farlo amalgamare[8] con le verdure. Quindi, fate cuocere per un'altra ora con il coperchio, girando piano con il mestolo ogni 10 minuti. Se necessario, durante la cottura potete aggiungere dell'acqua.
Alla fine della cottura (due ore in totale), servite questa pietanza[9] nelle ciotole di terracotta tipiche toscane, con sopra un filo di olio extra vergine d'oliva crudo.
Siete davanti a uno dei piatti più buoni che abbiate mai assaggiato!
E l'avete preparato voi!

Un consiglio di Maurizio: state attenti, perché la ribollita si attacca[10] facilmente sul fondo della pentola, se non si gira regolarmente ogni 10 minuti. E ancora, girate piano piano, senza "strappi", senza troppa energia, ma con gesto morbido e regolare.

Un po' di storia: questo piatto si chiama "ribollita", perché nella tradizione contadina toscana si preparava il giorno prima e si riscaldava (si "ribolliva") il giorno seguente per essere mangiato caldo, essendo un piatto tipicamente invernale.
Posso dirvi, comunque, che è buonissimo anche freddo...!
Si tratta del più tipico piatto della cucina tradizionale "povera" fiorentina.

---

[3]**cubetto**: piccola parte a forma di cubo; dadino.
[4]**fetta**: porzione di qualcosa, parte sottile tagliata da un alimento.
[5]**scaldare**: portare a temperatura più alta; rendere più caldo.
[6]**dorare**: friggere fino a quando l'alimento diventa giallo oro.
[7]**evaporare**: scomparire; diventare vapore.
[8]**amalgamare**: mescolare bene; impastare; unire.
[9]**pietanza**: piatto; portata; qualsiasi vivanda servita in tavola.
[10]**attaccarsi**: appiccicarsi; unirsi; aderire.

3.
La carne

Salsicce e fagioli all'uccelletto

Saltimbocca alla romana

Fettine alla pizzaiola

Ossobuco alla toscana

Vitello tonnato

Arista al forno

Scaloppine al marsala

Salsicce e fagioli all'uccelletto

Ingredienti per quattro persone:

. quattro salsicce di maiale
. 400 grammi di fagioli cannellini già cotti
. 200 grammi di pomodori pelati
. un cucchiaino di concentrato di pomodoro
. quattro cucchiai di olio extra vergine d'oliva
. cinque spicchi[1] *di aglio*
. cinque foglie di salvia
. un rametto di rosmarino
. due peperoncini macinati
. sale & pepe nero a piacere

Attrezzatura:

. una padella grande
. un mestolo di legno
. una forchetta
. un cucchiaio
. alcuni fogli d'alluminio

La ricetta: prendete le salsicce, bucatele[2] più volte con la forchetta, mettetele nel forno e fatele cuocere sulla griglia per circa 10 minuti.
Prendete la padella grande, mettetela su un fuoco medio con quattro cucchiai di olio extra vergine d'oliva. Quando l'olio è un po' caldo, metteteci l'aglio e fatelo rosolare[3] con la salvia, il peperoncino e il rosmarino; dopo qualche minuto, aggiungete[4] anche i pomodori e fate cuocere il tutto per circa 10 minuti. Alla fine, mettete i fagioli già cotti (questi fagioli si possono trovare in Italia dagli ortolani[5], pizzicagnoli[6] e fornai[7]). Mesco-

---

[1] **spicchio**: parte, segmento di un'arancia, di un limone o di un aglio.
[2] **bucare**: fare dei buchi; forare.
[3] **rosolare**: fare friggere a fuoco basso e per poco tempo; soffriggere.
[4] **aggiungere**: mettere in più.
[5] **ortolano**: chi vende frutta e ortaggi; fruttivendolo.
[6] **pizzicagnolo**: proprietario o gestore di un piccolo negozio di alimentari.
[7] **fornaio**: proprietario o gestore di un piccolo negozio che vende pane; panettiere.

late[8] il tutto con il mestolo di legno, facendo attenzione a non "rompere" i fagioli, perché questi devono rimanere interi.
Dopo aver mescolato bene, aggiungete le salsicce e cuocete per 10 minuti. Se vedete che la pietanza[9] è pallida, cioè non ha colore, potete mettere un po' di concentrato di pomodoro.
Servite questo piatto ben caldo, con un po' di pepe sui fagioli.
Buon appetito!

Un consiglio di Maurizio: quando cuocete le salsicce sulla griglia, coprite il vassoio del forno con dei fogli d'alluminio, in modo che il grasso delle salsicce che cola durante la cottura non sporchi il forno.
Consiglio di bere dei vini rossi giovani (*Chianti*, *Sangiovese di Romagna*, *Dolcetto*).
Questo è un tipico piatto della cucina contadina toscana e si può gustare al meglio nelle trattorie di campagna vicino a Firenze.

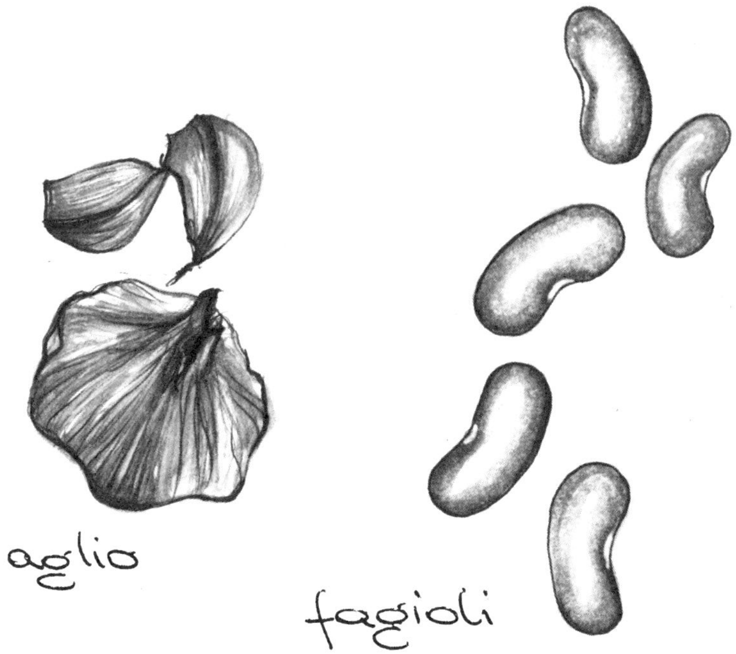

[8]**mescolare**: unire gli ingredienti fra loro; mischiare.
[9]**pietanza**: piatto; portata; qualsiasi vivanda servita in tavola.

Saltimbocca alla romana

Ingredienti per quattro persone:

. otto fettine[1] di vitella
. quattro fettine di prosciutto crudo salato
. otto foglie di salvia
. cinque cucchiai di olio extra vergine d'oliva
. mezzo bicchiere di vino bianco secco
. sale & pepe a piacere

Attrezzatura:

. otto stuzzicadenti
. un batticarne
. un coltello
. un tagliere
. una padella
. un forchettone
. un cucchiaio

La ricetta: prendete il tagliere; disponetevi sopra le fette di vitella e con il batticarne battete le fette, per farle diventare più sottili[2]; metteteci sopra una fetta di prosciutto e una foglia di salvia; arrotolate[3] e fermate con uno stuzzicadenti. Ecco fatti i saltimbocca!
Ora scaldate cinque cucchiai di olio extra vergine d'oliva nella padella e metteteci i saltimbocca; cuoceteli a fuoco basso per circa 10 minuti, girandoli con il forchettone, quindi versateci mezzo bicchiere di vino bianco e fate evaporare[4], aggiungendo[5] del sale e del pepe.
Questo piatto deve essere servito ben caldo, nella sua salsa di cottura.

Un consiglio di Maurizio: ricordatevi di togliere gli stuzzicadenti, prima di servire! Potreste farvi male ai denti!

---

[1]**fettina**: piccola fetta; parte sottile tagliata da un alimento.
[2]**sottili**: fini; basse; piccole.
[3]**arrotolare**: avvolgere e dare una forma cilindrica; avvoltolare.
[4]**evaporare**: diventare vapore; svaporare; volatilizzarsi.
[5]**aggiungere**: mettere in più.

Fettine alla pizzaiola

Ingredienti per quattro persone:

. *400 grammi di carne di manzo*
. *400 grammi di pomodori pelati*
. *100 grammi di mozzarella*
. *quattro spicchi*[1] *di aglio*
. *cinque cucchiai di olio extra vergine d'oliva*
. *un cucchiaio di capperi*
. *sale, pepe & origano a piacere*

Attrezzatura:

. *Una casseruola bassa e larga*
. *un cucchiaio*
. *un coltello*

La ricetta: prendete la casseruola e mettetela sul fuoco medio con cinque cucchiai di olio extra vergine d'oliva. Quando l'olio è un po' caldo, fate cuocere la carne per circa 5 minuti su tutti e due i lati. A questo punto, togliete la carne e mettete nella casseruola gli spicchi di aglio interi; fateli soffriggere[2] nell'intingolo[3] della carne e, dopo qualche minuto, aggiungeteci[4] i pomodori pelati, i capperi, sale e pepe.
Mettete la carne dentro questa salsa e fate cuocere per 10 minuti, cospargendo[5] il tutto con l'origano. A fine cottura, tagliate la mozzarella a fette[6] e mettetela sulla carne, in modo che si sciolga[7] sopra.

Un consiglio di Maurizio: per questo piatto ci vogliono dei vini rossi vivaci (*Barbera d'Oltrepò* o *Lettere*). Come variante, qualcuno usa mettere a fine cottura, insieme alla mozzarella, anche delle acciughe.

---

[1] **spicchio**: parte, segmento di un'arancia, di un limone o di un aglio.
[2] **soffriggere**: fare friggere a fuoco basso e per poco tempo; rosolare.
[3] **intingolo**: salsa; condimento.
[4] **aggiungere**: mettere in più.
[5] **cospargere**: mettere, lasciando cadere dall'alto; spargere.
[6] **fetta**: porzione di qualcosa, parte sottile tagliata da un alimento.
[7] **sciogliere**: diventare liquido; fondere; liquefare.

Ossobuco alla toscana

Ingredienti per quattro persone:

. *quattro ossibuchi (meglio se sono di vitella) alti circa 4 cm.*
. *dodici cucchiai (sei + sei) di olio extra vergine d'oliva*
. *una buccia*[1] *di limone grattugiata*[2]
. *mezzo bicchiere di vino bianco*
. *mezzo litro di brodo vegetale*
. *sei cucchiai di farina*
. *un cucchiaio di burro*
. *otto pomodori maturi*
. *uno spicchio*[3] *di aglio*
. *una costola*[4] *di sedano*
. *una cipolla bianca*
. *una carota*
. *sale & pepe a piacere*

Attrezzatura:

. *una pentola bassa e larga*
. *una padella*
. *un tagliere*
. *un coltello*
. *un piatto*

La ricetta: prendete gli ossibuchi e con il coltello incideteli[5] all'esterno con quattro piccoli tagli; poi prendete la farina e infarinate gli ossibuchi in un piatto.
Ora, mettete sei cucchiai di olio extra vergine d'oliva e un cucchiaio di burro nella padella e scaldate[6] a fuoco medio. Quando l'olio è caldo e il

---

[1]**buccia**: pelle; scorza.
[2]**grattugiata**: fatta in pezzi piccolissimi con la grattugia; grattata.
[3]**spicchio**: parte, segmento di un'arancia, di un limone o di un aglio.
[4]**costola** (di sedano): la parte dura, bianca e senza foglie del sedano.
[5]**incidere**: fare un piccolo taglio per aprire.
[6]**scaldare**: portare a una temperatura più alta; rendere più caldo.

burro si è sciolto[7], ponete[8] gli ossibuchi nella padella e fateli rosolare[9] da tutt'e due le parti.
Nel frattempo, prendete il tagliere e fate un trito[10] con la cipolla, la carota, la costola del sedano, lo spicchio di aglio e la buccia di limone grattugiata. Mettete questo trito nella pentola con sei cucchiai di olio extra vergine d'oliva e fate soffriggere per qualche minuto; quindi versate mezzo bicchiere di vino bianco e fatelo evaporare[11]. Alla fine, aggiungete[12] i pomodori precedentemente pelati[13] e tagliati a cubetti[14] e fate cuocere il tutto per 10 minuti.
A questo punto potete mettere gli ossibuchi, facendoli cuocere lentamente nella salsa per circa 40 minuti, aggiungendo ogni tanto un po' di brodo.
Durante la cottura, salate e pepate gli ossibuchi. Serviteli con la salsa di cottura e cospargeteli[15] con la buccia di limone grattugiata.

Un consiglio di Maurizio: accompagnate questo piatto con un vino rosso "di corpo", non troppo giovane, come un buon Chianti.

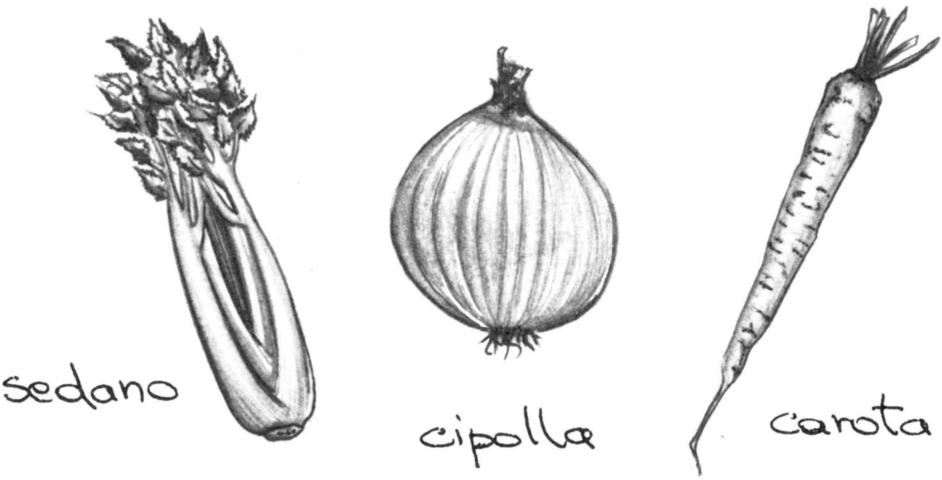

[7]**sciogliersi**: diventare liquido; fondere; liquefare.
[8]**porre**: mettere.
[9]**rosolare**: fare friggere a fuoco basso e per poco tempo; soffriggere.
[10]**trito**: tante verdure tagliate in piccoli pezzi; tritato; battuto.
[11]**evaporare**: diventare vapore; svaporare; volatilizzarsi.
[12]**aggiungere**: mettere in più.
[13]**pelare**: togliere la buccia; togliere la pelle; sbucciare.
[14]**cubetto**: pezzetto a forma di piccolo cubo; dadino.
[15]**cospargere**: lasciare cadere; spargere; mettere.

Vitello tonnato

Ingredienti per quattro persone:

. 600 grammi di polpa di vitella[1]
. un cucchiaino di prezzemolo tritato[2]
. una costola[3] *di sedano*
. una carota

Per la salsa:

. 100 grammi di tonno
. quattro filetti di acciughe
. due cucchiai di capperi
. tre o quattro cucchiai di olio extra vergine d'oliva
. un po' di succo di limone
. sale a piacere

Attrezzatura:

. una pentola
. un cucchiaio
. un frullatore
. un vassoio
. un tagliere
. un coltello
. una ciotola

La ricetta: fate bollire due litri d'acqua in una pentola; metteteci gli odori[4] e il vitello, con un cucchiaio di sale. Fate bollire il tutto per circa due ore. Quando il vitello è cotto, tagliatelo a fette[5] sottili[6] e disponete[7] queste fette su un vassoio.

---

[1]**polpa di vitella**: la parte migliore, del muscolo, senza ossa e senza grasso.
[2]**tritato**: ridotto in piccoli pezzi; sminuzzato; tagliato; macinato.
[3]**costola** (di sedano): la parte dura, bianca e senza foglie del sedano.
[4]**odori**: quello che in cucina dà un buon odore (in questo caso il prezzemolo, il sedano e la carota).
[5]**fetta**: porzione di qualcosa, parte sottile tagliata da un alimento.
[6]**sottili**: fini; non grosse; non spesse.
[7]**disporre**: mettere in buon ordine (una fetta accanto all'altra).

Preparate la salsa, passando due volte nel frullatore le acciughe, il tonno e i capperi; mettete il tutto in una ciotola, aggiungendo[8] l'olio e mescolando[9] bene; successivamente mettete anche il succo di limone. Versate sopra le fette di vitella questa salsa e decorate con i capperi e il prezzemolo tritato.

Un consiglio di Maurizio: servite questo piatto, accompagnandolo con un'insalata mista e con un buon vino rosato secco, come, ad esempio, il *Castel del Monte rosato* o il *Salice Salentino rosato*.

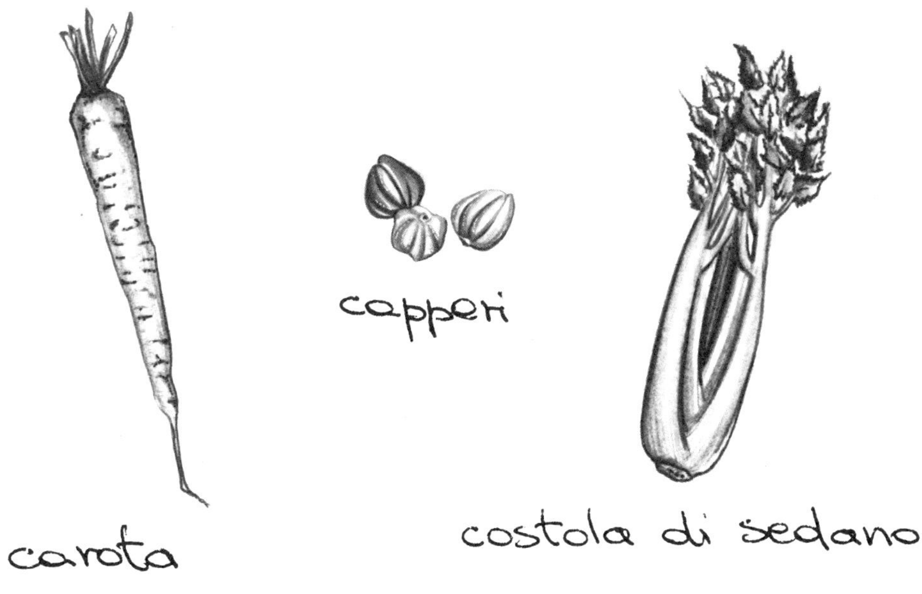

---

[8]**aggiungere**: mettere in più.
[9]**mescolare**: unire gli ingredienti fra loro; mischiare.

Arista al forno

Ingredienti per quattro persone:

. *600 grammi di arista*[1] *di maiale*
. *sei spicchi*[2] *di aglio*
. *tre rametti di rosmarino*
. *sei cucchiai di olio extra vergine d'oliva*
. *un bicchiere di vino bianco*
. *un cucchiaio di sale e mezzo cucchiaio di pepe nero mescolati*[3]

Attrezzatura:

. *una teglia*
. *una padella*
. *una terrina*
. *un coltello*
. *un tagliere*
. *un cucchiaio*
. *dello spago fine per gli arrosti*

La ricetta: prendete l'arista, bucatela[4] in più parti con il coltello e infilate[5] nei buchi sei spicchi di aglio, un cucchiaio di sale e mezzo di pepe nero che avete precedentemente mescolato in una terrina.
Finita questa operazione, steccate[6] la carne con i rametti di rosmarino e mettetela in una teglia con sale, pepe e sei cucchiai di olio extra vergine d'oliva. Cuocete in forno a 200 gradi per circa 40 minuti; quando la carne è cotta, togliete l'osso e servite l'arista tagliata a fette[7].

Un consiglio di Maurizio: con questo piatto vi consiglio di bere dei vini rossi giovani; mentre il contorno migliore, quello che esalta[8] maggior-

---

[1] **arista**: schiena e lombo del maiale, molto usati nella cucina toscana.
[2] **spicchio**: parte, segmento di un'arancia, di un limone o di un aglio.
[3] **mescolare**: unire gli ingredienti fra loro; mischiare.
[4] **bucare**: fare un buco; forare.
[5] **infilare**: mettere dentro.
[6] **steccare**: legare insieme, usando, in questo caso, lo spago e i rametti di rosmarino.
[7] **fetta**: porzione di qualcosa, parte sottile tagliata da un alimento.
[8] **esaltare**: mettere in evidenza; evidenziare; entusiasmare.

mente questa pietanza ricca di gusto, sono senza dubbio le patate arrosto.

Un po' di storia: le origini del nome «arista» pare risalgano al Concilio di Firenze del 1430, indetto[9] per derimere[10] le controversie[11] fra la Chiesa cattolica e quella greca. In quell'occasione, sembra che alcuni rappresentanti della Chiesa greca, dopo aver assaggiato[12] questo piatto, urlarono: *arista! arista!* (in greco: buona! buona!).
Questa parola serve ancora oggi, dopo più di quattro secoli e mezzo, a indicare la parte del costato di maiale cucinato nel modo che abbiamo visto.

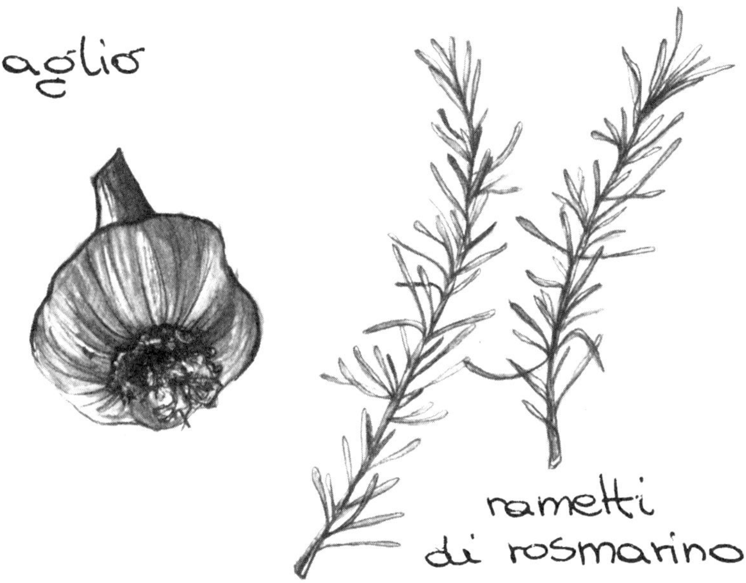

[9] **indire**: organizzare.
[10] **derimere**: mettere fine; risolvere.
[11] **controversia**: contrasto di opinioni; disaccordo.
[12] **assaggiare**: mangiare un po' per sentire il gusto; provare.

Scaloppine al marsala

Ingredienti per quattro persone:

. quattro fettine[1] di noce di vitella[2]
. mezzo bicchiere di marsala
. 50 grammi di burro
. tre cucchiai di farina
. un cucchiaio di prezzemolo tritato[3]
. un cucchiaio di farina
. sale & pepe a piacere

Attrezzatura:

. un piatto
. una padella
. un forchettone
. un cucchiaio

La ricetta: prendete il piatto, metteteci tre cucchiai di farina e infarinate le fettine di carne. Quando la carne è ben infarinata, mettete in una padella il burro e fatelo spumeggiare[4], scaldando[5] a fuoco medio. A questo punto, abbassate[6] il fuoco e mettete la carne, facendola cuocere per circa 5 minuti per parte.
Appena cotta, togliete la carne dalla padella e aggiungete[7] il marsala e un cucchiaio di farina al fondo di cottura[8]; fate restringere[9] questa salsa per circa 8 minuti e alla fine versatelo sulla carne. Coprite il tutto con il prezzemolo tritato e servite ben caldo.

Un consiglio di Maurizio: questo piatto si accompagna bene con del vino rosso giovane (per es. *Chianti* o *Valpolicella*).

---

[1] **fettina**: piccola fetta; parte sottile tagliata da un alimento.
[2] **noce di vitella**: taglio ottenuto dalla parte interna della coscia del vitello.
[3] **tritato**: ridotto in piccoli pezzi; sminuzzato; tagliato; macinato.
[4] **spumeggiare**: fare la schiuma; schiumare.
[5] **scaldare**: portare a una temperatura più alta; rendere più caldo.
[6] **abbassare**: diminuire; ridurre.
[7] **aggiungere**: mettere in più.
[8] **fondo di cottura**: la salsa che resta dopo la cottura (in questo caso della carne).
[9] **restringere**: fare perdere il liquido; concentrare; ritirare.

4.
Il pesce

Baccalà alla livornese

Seppie in zimino

Totani ripieni

Cacciucco

Pesce spada alla pizzaiola

Baccalà alla livornese

Ingredienti per quattro persone:

. *un chilogrammo di baccalà ammorbidito*[1] *nell'acqua*
. *quattro cucchiai di olio extra vergine d'oliva*
. *cinque cucchiai di farina*
. *25 centilitri di olio per friggere*
. *400 grammi di pomodori tagliati a cubetti*
. *sette spicchi*[2] *di aglio*
. *un cucchiaio di prezzemolo tritato*[3]
. *un peperoncino tritato*
. *sale*

Attrezzatura:

. *un coltello*
. *un tagliere*
. *un piatto*
. *una padella*
. *un cucchiaio*
. *una pentola bassa e larga*

La ricetta: prendete il baccalà, spellatelo[4] e dividetelo[5] in piccoli pezzi; quindi mettetelo in un piatto con la farina e infarinatelo[6] bene.
Ora prendete la padella con dentro l'olio per friggere e fate rosolare[7] quattro spicchi di aglio per qualche minuto; quindi metteteci il baccalà e fatelo dorare[8].
Arrivati a questo punto, versate nella pentola quattro cucchiai di olio extra vergine d'oliva, aggiungete[9] tre spicchi di aglio interi e fateli soffriggere

---

[1]**ammorbidito**: reso morbido; ammollato.
[2]**spicchio**: parte, segmento di un'arancia, di un limone o di un aglio.
[3]**tritato**: ridotto in piccoli pezzi, sminuzzato.
[4]**spellare**: togliere la pelle; sbucciare.
[5]**dividere**: tagliare in parti uguali.
[6]**infarinare**: cospargere nella farina; rivoltare nella farina.
[7]**rosolare**: cuocere a fuoco basso, fino a ottenere una crosta dorata; soffriggere.
[8]**dorare**: friggere fino a quando l'alimento diventa giallo oro.
[9]**aggiungere**: mettere in più.

per 3 minuti a fuoco medio; poi metteteci i pomodori tagliati a cubetti[10], un pizzico[11] di sale e un peperoncino tritato.
Fate cuocere questa semplice salsa per 10 minuti, poi immergeteci[12] dentro il baccalà e mescolate[13] per qualche minuto.
Servitelo con la salsa di pomodoro e il prezzemolo tritato.

Un consiglio di Maurizio: fate attenzione quando cuocete il baccalà, perché tende[14] a sbriciolarsi[15]; quindi, quando lo girate, fatelo con cautela[16].
Per quanto riguarda i vini, vi consiglio di abbinare[17] a questo piatto dei vini bianchi secchi, come la *Vernaccia di S. Gimignano*, il *Vermentino ligure* o l'*Etna bianco*.

Qualche informazione: il baccalà è un tipo di merluzzo, appartenente alla famiglia delle gadinee. In commercio esistono due qualità di baccalà: il *Gaspy* e il *Labrador*. Il primo proviene dai Banchi di Terranova e ha una carne secca e tigliosa[18], mentre il secondo ha una carne più pregiata, tenera e più grossa, e si ammorbidisce più facilmente.

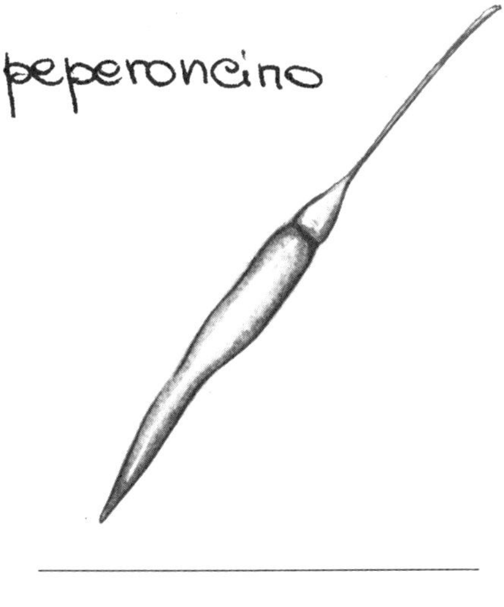

---

[10]**cubetto**: pezzetto a forma di piccolo cubo; dadino.
[11]**un pizzico**: un po'.
[12]**immergere**: mettere in un liquido; affondare.
[13]**mescolare**: unire gli ingredienti fra loro; mischiare.
[14]**tendere**: avere la tendenza; avere la predisposizione; avere la propensione
[15]**sbriciolarsi**: ridursi in briciole, in piccoli pezzi; non rimanere intero e compatto.
[16]**con cautela**: con attenzione, girandolo dolcemente.
[17]**abbinare**: accoppiare; accompagnare.
[18]**tigliosa**: dura, difficile da masticare.

Seppie in zimino

Ingredienti per quattro persone:

. un chilogrammo di seppie
. 500 grammi di spinaci
. uno spicchio[1] di aglio
. quattro cucchiai di olio extra vergine d'oliva
. mezzo bicchiere di vino
. un peperoncino
. ¼ di cipolla bianca
. sale & pepe a piacere

Attrezzatura:

. un tagliere
. un coltello
. una casseruola
. una pentola
. un colapasta
. un cucchiaino
. un cucchiaio

La ricetta: tritate[2] finemente la cipolla, mettetela in una casseruola con quattro cucchiai di olio extra vergine d'oliva e fatela dorare[3].
Prendete le seppie; lavatele e asciugatele[4] bene; tagliatele a strisce[5] larghe un centimetro, poi mettetele dentro la casseruola, salate, pepate e sbriciolate[6] il peperoncino con le dita; lasciate che le seppie prendano un po' di colore, quindi aggiungete[7] il vino bianco e fate cuocere il tutto per circa 50 minuti.

---

[1]**spicchio**: parte, segmento di un'arancia, di un limone o di un aglio.
[2]**tritare**: ridurre in piccoli pezzi; sminuzzare.
[3]**dorare**: friggere fino a quando l'alimento diventa giallo oro.
[4]**asciugare**: rendere asciutto; eliminare il liquido; disidratare.
[5]**striscia**: forma allungata e stretta; lista.
[6]**sbriciolare**: ridurre in briciole, in pezzi piccolissimi; sminuzzare.
[7]**aggiungere**: mettere in più.

Mentre le seppie cuociono, riempite la pentola d'acqua (con un cucchiaio di sale) e portatela a ebollizione; appena l'acqua bolle, metteteci gli spinaci. Una volta cotti, scolateli[8], tritateli[9] e aggiungeteli alle seppie. Mescolate[10] per qualche minuto e servite ben caldo.

Un consiglio di Maurizio: con questo piatto si bevono di solito vini bianchi secchi, come l'*Orvieto*, l'*Etna bianco* e il *Locorotondo*.

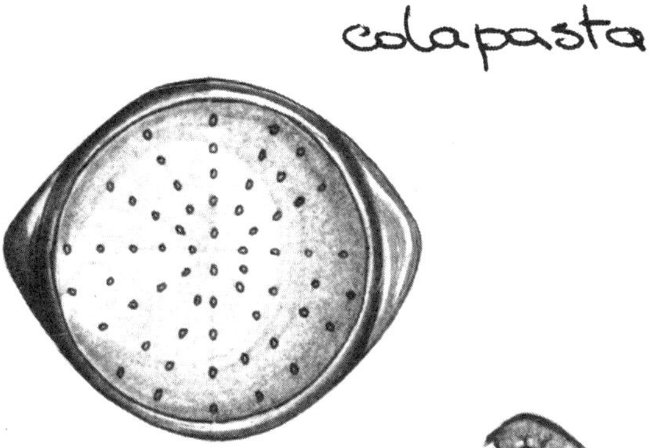

---

[8]**scolare**: eliminare l'acqua della cottura.
[9]**tritare**: ridurre in piccoli pezzi; sminuzzare; tagliare finemente.
[10]**mescolare**: unire gli ingredienti fra loro; mischiare.

Totani ripieni

Ingredienti per quattro persone:

. 800 grammi di totani
. 500 grammi di pomodori pelati
. 200 grammi di spinaci già cotti
. 50 grammi di formaggio pecorino
. 80 grammi di pane grattugiato[1]
. 10 cucchiai di olio extra vergine d'oliva
. un bicchiere di vino bianco
. due peperoncini tritati[2]
. tre spicchi[3] *di aglio*
. una cipolla bianca
. un uovo
. sale

Attrezzatura:

. una padella
. un tagliere
. un coltello
. un cucchiaio
. un coperchio
. una forchetta
. alcuni stuzzicadenti

La ricetta: mettete la cipolla tagliata a pezzettini in una padella con cinque cucchiai di olio extra vergine d'oliva e fatela soffriggere[4]. Quando la cipolla è ben dorata[5], aggiungete[6] i tentacoli[7] dei totani tagliati a pezzet-

---

[1]**grattugiato**: fatto in pezzi piccolissimi con la grattugia; grattato.
[2]**tritati**: ridotti in piccoli pezzi; sminuzzati; tagliati; macinati.
[3]**spicchio**: parte, segmento di un'arancia, di un limone o di un aglio.
[4]**soffriggere**: fare friggere a fuoco basso e per poco tempo; rosolare.
[5]**dorata**: di colore giallo oro.
[6]**aggiungere**: mettere in più.
[7]**tentacoli**: le lunghe "braccia" che questi animali usano per muoversi e afferrare le prede.

tini e gli spinaci e fate cuocere il tutto per 10 minuti; poi spegnete il fuoco e fate raffreddare[8].

Con il pane grattugiato, l'uovo e il formaggio fate un composto[9] e mettetelo all'interno dei totani; chiudete con uno stuzzicadenti in modo che il ripieno non esca.

Arrivati a questo punto, prendete una padella con cinque cucchiai di olio extra vergine d'oliva, tre spicchi di aglio tritati, i peperoncini e i totani. Fate rosolare[10] il tutto per qualche minuto, poi bagnate con un bicchiere di vino bianco. Quando il vino è evaporato[11], aggiungete i pomodori pelati e fate cuocere il tutto a fuoco basso per circa 40 minuti, coprendo con il coperchio. Ecco fatti i totani ripieni!

Un consiglio di Maurizio: i totani vanno girati di tanto in tanto durante l'ultima cottura, ma ricordatevi di farlo delicatamente[12], in modo che i totani rimangano integri[13] e che il ripieno non fuoriesca[14].

Accompagnate questo piatto con dei vini bianchi secchi.

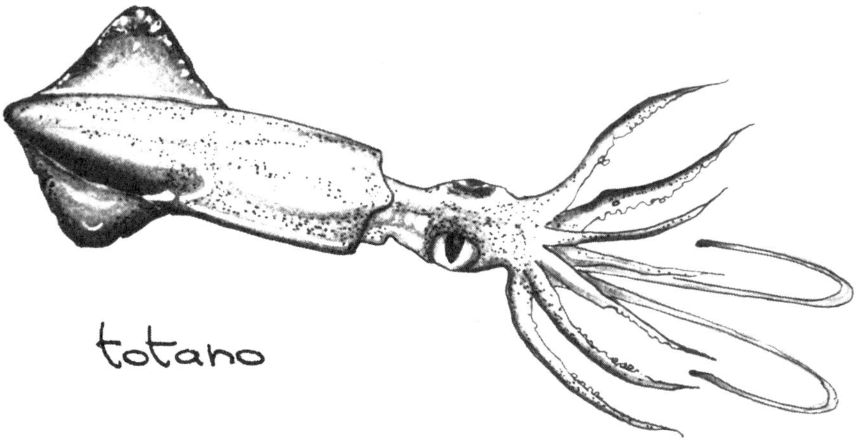

---

[8]**raffreddare**: rendere freddo; lasciare riposare per abbassare la temperatura.
[9]**composto**: tutto ciò che è formato da due o più ingredienti; salsa.
[10]**rosolare**: fare friggere a fuoco basso e per poco tempo; soffriggere.
[11]**evaporare**: diventare vapore; svaporare; volatilizzarsi.
[12]**delicatamente**: in modo delicato; piano piano; con attenzione.
[13]**integri**: interi.
[14]**fuoruscire** (**fuoriuscire**): uscire fuori.

Cacciucco

Ingredienti per quattro persone:

. *200 grammi di seppie*
. *200 grammi di totani*
. *200 grammi di polpi*
. *100 grammi di gamberetti*
. *4 fette di palombo*
. *4 fette di pesce angelo*
. *4 gamberoni*
. *200 grammi di pomodori pelati*
. *8 fette di pane tostato*
. *4 cucchiai di olio extra vergine d'oliva*
. *un ciuffo*[1] *di prezzemolo*
. *due spicchi*[2] *di aglio*
. *un peperoncino tritato*[3]
. *un bicchiere di vino bianco secco*
. *sale & pepe a piacere*

Attrezzatura:

. *una casseruola*
. *un tagliere*
. *un coltello*

La ricetta: prendete il tagliere e con il coltello tritate gli spicchi d'aglio; poi prendete la casseruola e fate soffriggere[4], nell'olio extra vergine d'oliva, l'aglio e il peperoncino tritato; quindi aggiungete[5] le seppie, i polpi e i totani e fate cuocere a fuoco basso. Dopo qualche minuto, spruzzate[6] del

---

[1] **ciuffo**: una piccola quantità, quella che può stare in una mano.
[2] **spicchio**: parte, segmento di un'arancia, di un limone o di un aglio.
[3] **tritato**: ridotto in piccoli pezzi; sminuzzato; tagliato; macinato.
[4] **soffriggere**: fare friggere per poco tempo; rosolare.
[5] **aggiungere**: mettere in più.
[6] **spruzzare**: versare a gocce, a spruzzi; inumidire; bagnare.

vino bianco secco, lasciatelo evaporare[7] e mettete i pomodori pelati. Salate, pepate e fare bollire il tutto per 10 minuti.
A questo punto, aggiungete gli altri pesci e il prezzemolo tritato e fate cuocere per 25/30 minuti.
Mentre il pesce cuoce, tostate in forno delle fette di pane casalingo e sfregateci[8] sopra uno spicchio d'aglio; disponete[9] queste fette nei piatti.
Versate la zuppa di pesce bollente sopra le fette di pane e servite immediatamente.
Il cacciucco è pronto! Buon appetito a tutti!

Un consiglio di Maurizio: per questa eccellente zuppa di pesce, tipica della Toscana e in particolare della città di Livorno, consiglio di usare delle ciotole di terracotta, che, oltre a mantenere integro[10] il sapore del cacciucco e a impedire che la zuppa si raffreddi[11], sono più comode perché permettono di contenere anche una grande quantità del brodo di cottura.
I vini consigliati per questa pietanza[12] sono la *Vernaccia di S. Gimignano* e il *Bolgheri rosato*, vini leggeri, ma corposi, cioè con un gusto e un profumo intensi.

[7]**evaporare**: diventare vapore; svaporare; volatilizzarsi.
[8]**sfregare**: passare sopra lasciando dei residui; strofinare; fregare.
[9]**disporre**: mettere.
[10]**integro**: senza cambiamento; intero.
[11]**raffreddarsi**: diventare freddo, con una temperatura più bassa.
[12]**pietanza**: piatto; portata.

Pesce spada alla pizzaiola

Ingredienti per quattro persone:

. quattro fette di pesce spada fresco
. 300 grammi di pomodori freschi
. 100 grammi di olive nere
. un cucchiaio di capperi
. un cucchiaino di origano
. tre spicchi[1] di aglio
. sei cucchiai di olio extra vergine d'oliva
. un cucchiaio di prezzemolo tritato[2]
. sale & pepe a piacere

Attrezzatura:

. una padella
. un coltello
. un tagliere
. un mestolo di legno
. un cucchiaio

La ricetta: Prendete il tagliere e con il coltello tritate l'aglio; poi prendete la padella, versateci sei cucchiai di olio extra vergine d'oliva e fate soffriggere[3] l'aglio per qualche minuto; quindi aggiungete[4] i pomodori tagliati a pezzetti, le olive, i capperi, l'origano e salate.
Cuocete il tutto a fuoco medio per far restringere[5] un po' la salsa; a questo punto mettete il pesce e lasciate cuocere per circa 7 minuti. Pepate e servite il pesce con sopra un filo d'olio e il prezzemolo tritato, per dare un po' di colore.

Un consiglio di Maurizio: attenzione a non cuocere troppo il pesce, se no diventa secco!

---

[1]**spicchio**: parte, segmento di un'arancia, di un limone o di un aglio.
[2]**tritato**: ridotto in piccoli pezzi, sminuzzato.
[3]**soffriggere**: fare friggere a fuoco basso e per poco tempo; rosolare.
[4]**aggiungere**: mettere in più.
[5]**restringere**: far perdere il liquido; ritirare.

5.
Le verdure

Carote saltate

Patate arrosto

Cavolfiore in tegame

Piselli alla fiorentina

Pomodori ripieni

Carciofi alla romana

Pinzimonio

Carote saltate

Ingredienti per quattro persone:

. 500 grammi di carote
. 50 grammi di burro
. 50 grammi di panna
. un ciuffo[1] di prezzemolo
. sale e pepe a piacere

Attrezzatura:

. una pentola
. un tegame
. un colapasta
. un coltello
. un tagliere
. un pelapatate

La ricetta: prendete il prezzemolo, mettetelo su un tagliere e, con il coltello, tritatelo[2] finemente. Poi, prendete le carote e, servendovi del pelapatate, sbucciatele[3]. A questo punto, fate lessare[4] le carote in una pentola con abbondante acqua bollente salata. Appena cotte, scolatele[5] e tagliatele a fette non troppo sottili[6].
Mettete il burro in un tegame e aggiungete[7] le carote con la panna e il prezzemolo; fate saltare[8] per due minuti; salate, pepate e servite subito.

Un'informazione: nella cucina italiana questo piatto, gustoso e semplice da preparare, si usa esclusivamente come contorno[9] di altri piatti principali di carne e pesce.

---

[1] **ciuffo**: la quantità che sta in una mano; mazzo; fascio.
[2] **tritare**: ridurre in piccoli pezzi; sminuzzare; tagliare.
[3] **sbucciare**: togliere la buccia; pelare.
[4] **lessare**: cuocere in acqua bollente; bollire.
[5] **scolare**: eliminare l'acqua della cottura.
[6] **sottili**: fini; basse; piccole.
[7] **aggiungere**: mettere in più.
[8] **saltare**: cuocere a fuoco vivo (alto) e per poco tempo, mescolando frequentemente.
[9] **contorno**: la pietanza che accompagna il piatto principale.

Patate arrosto

Ingredienti per quattro persone:

. 500 grammi di patate
. sei cucchiai di olio extra vergine d'oliva
. sei foglie di salvia
. quattro spicchi[1] di aglio
. un rametto di rosmarino
. sale & pepe a piacere

Attrezzatura:

. un tagliere
. un coltello
. una ciotola
. una teglia

La ricetta: prendete il tagliere e con il coltello preparate un trito[2] con due spicchi di aglio, un po' di rosmarino, salvia, sale e pepe; poi prendete le patate, pelatele[3] e tagliatele a tocchetti, cioè in pezzi della grandezza di una noce; lavatele, asciugatele[4] bene e mettetele in una teglia con i sei cucchiai di olio extra vergine d'oliva; aggiungete[5] ancora un rametto di rosmarino e due spicchi di aglio.
Cuocete in forno a 200 gradi per circa 30 minuti e servite le patate calde.

Un consiglio di Maurizio: le patate preparate in questo modo sono il tipico e migliore contorno[6] per tutti i piatti a base di carne arrosto. Ricordate, però di rigirare[7] spesso le patate quando sono nel forno, per non farle attaccare[8].

---

[1]**spicchio**: parte, segmento di un'arancia, di un limone o di un aglio.
[2]**trito**: tante verdure tagliate in piccoli pezzi; tritato; battuto.
[3]**pelare**: togliere la buccia; sbucciare.
[4]**asciugare**: eliminare l'acqua; rendere asciutto.
[5]**aggiungere**: mettere in più.
[6]**contorno**: la pietanza che accompagna il piatto principale.
[7]**rigirare**: girare, facendo cambiare posizione; mescolare.
[8]**attaccare**: appiccicare; aderire; unire.

Cavolfiore in tegame

Ingredienti per quattro persone:

. un cavolfiore medio
. tre spicchi[1] di aglio
. tre cucchiai di olio extra vergine d'oliva
. sale & pepe a piacere

Attrezzatura:

. una pentola
. un colapasta
. una teglia

La ricetta: prendete una pentola, riempitela d'acqua, mettetela sul fuoco e fate lessare[2] il cavolfiore per circa 10/15 minuti. Una volta cotto, scolatelo[3] e dividetelo in più parti, secondo il vostro gusto; quindi prendete una teglia e metteteci l'olio extra vergine d'oliva con tre spicchi di aglio e fate rosolare[4] per un minuto o due; aggiungete[5] il cavolfiore, insaporitelo[6] con pepe e un po' di sale e fate cuocere per circa 10 minuti.
Il cavolfiore è pronto. Buon appetito!

Un consiglio di Maurizio: ho deciso di proporvi il cavolfiore, amici, ma in realtà qualsiasi tipo di verdura è più saporita se preparata in questo modo. Vi consiglio dunque di fare la stessa cosa con gli spinaci, le bietole, le carote, ecc...

Un'informazione: il cavolfiore preparato in questo modo può fare da contorno[7] a un piatto a base di carne o pesce, ma è buono anche come piatto principale, magari accompagnato da un pezzetto di formaggio Parmigiano.

---

[1]**spicchio**: parte, segmento di un'arancia, di un limone o di un aglio.
[2]**lessare**: far cuocere nell'acqua bollente; bollire.
[3]**scolare**: eliminare l'acqua della cottura.
[4]**rosolare**: fare friggere a fuoco basso e per poco tempo; soffriggere.
[5]**aggiungere**: mettere in più.
[6]**insaporire**: dare maggiore sapore, aggiungendo ingredienti.
[7]**contorno**: la pietanza che accompagna il piatto principale.

Piselli alla fiorentina

Ingredienti per quattro persone:

. 500 grammi di piselli
. 100 grammi di pancetta affumicata[1]
. due spicchi[2] *di aglio*
. un dado da brodo vegetale
. quattro cucchiai di olio extra vergine d'oliva
. sale & pepe a piacere

Attrezzatura:

. un tagliere
. un coltello
. una padella
. un bicchiere

La ricetta: affettate i due spicchi di aglio e tagliate la pancetta a dadini[3]; prendete una padella e fate soffriggere[4] la pancetta e l'aglio in pochissimo olio (la pancetta è grassa ed è sufficiente un filo d'olio per farla rosolare[5]). Quando la pancetta e l'aglio sono un po' dorati[6], unite i piselli e un bicchiere di brodo.
Fate cuocere a fuoco moderato per circa 10 minuti, fino a quando tutto il liquido sarà andato via. Pepate e servite.

Un consiglio di Maurizio: I vini che accompagnano questo piatto sono dei bianchi morbidi, come l'*Orvieto* o il *Tocai* friulano.

Un'informazione: la ricetta che vi ho dato è quella originale, ma oggi molti preferiscono usare il prosciutto cotto al posto della pancetta, perché è meno grasso. Altri, inoltre, usano mettere a fine cottura un po' di prezzemolo tritato.

---

[1] **affumicata**: con il sapore del fumo.
[2] **spicchio**: parte, segmento di un'arancia, di un limone o di un aglio.
[3] **dadino**: piccolo pezzo; cubetto.
[4] **soffriggere**: fare friggere a fuoco basso e per poco tempo; rosolare.
[5] **rosolare**: soffriggere.
[6] **dorati**: con il colore giallo oro.

Pomodori ripieni

Ingredienti per quattro persone:

. *quattro pomodori non troppo maturi*
. *150 grammi di tonno*
. *50 grammi di capperi*
. *50 grammi di olive*
. *quattro cucchiai di maionese*
. *un cucchiaio di prezzemolo tritato*[1]
. *sale & pepe a piacere*

Attrezzatura:

. *un coltello*
. *un cucchiaio*
. *una ciotola*

La ricetta: prendete i pomodori e tagliateli a metà; vuotateli[2] con il cucchiaio e salateli all'interno, quindi rovesciateli[3] per circa 20 minuti, per fargli perdere tutta l'acqua che ancora contengono.
Prendete una ciotola e fate un composto[4] con il tonno, i capperi, la polpa[5] che avete tolto dai pomodori, il prezzemolo e mescolate[6] il tutto con la maionese.
Riempite[7] i pomodori con questa salsa fredda e ultimate il piatto, decorando con un po' di maionese e le olive.
Avrete così preparato in pochi minuti un piatto unico semplice e gustoso.

Un consiglio di Maurizio: si tratta di un piatto estivo, quindi i vini indicati sono bianchi frizzanti, come il *Prosecco di Conegliano* o l'*Asprino di Aversa*.

---

[1]**tritato**: ridotto in piccoli pezzi; sminuzzato; tagliato; macinato.
[2]**vuotare**: rendere vuoto; in questo caso togliere la polpa, l'interno dei pomodori.
[3]**rovesciare**: voltare di sotto in su; capovolgere.
[4]**composto**: tutto ciò che è formato da due o più ingredienti; salsa.
[5]**polpa**: parte interna, succosa e carnosa.
[6]**mescolare**: unire più ingredienti fra loro.
[7]**riempire**: rendere pieno.

Carciofi alla romana

Ingredienti per quattro persone:

. quattro carciofi
. due spicchi[1] di aglio
. due cucchiai di pan grattato
. un cucchiaio di capperi
. quattro cucchiai di olio extra vergine d'oliva
. 30 grammi di prezzemolo
. 50 grammi di olive nere snocciolate
. sale a piacere

Attrezzatura:

. un coltello
. un tagliere
. un bicchiere
. un tegame con coperchio

La ricetta: prendete i carciofi e puliteli, eliminando le foglie esterne più dure; pulite anche il gambo[2], accorciandolo[3] e togliendo la parte esterna con un coltello o un pelapatate. Poi prendete il tagliere e preparate un trito[4] di aglio, prezzemolo, capperi e olive; tagliate la punta[5] dei carciofi, apriteli e metteteci dentro il trito che avete appena fatto. Chiudete con una spolverata di pan grattato e mettete i carciofi a testa in giù in un tegame, con olio, sale e un bicchiere d'acqua. Fate cuocere a fuoco lento per circa 20 minuti e servite il tutto ben caldo.

Un'informazione: questi meravigliosi carciofi sono da considerare un vero e proprio secondo piatto e non un semplice contorno. Provateli!

---

[1] **spicchio**: parte, segmento di un'arancia, di un limone o di un aglio.
[2] **gambo**: la parte che sostiene il carciofo; fusto.
[3] **accorciare**: rendere più corto.
[4] **trito**: tante verdure tagliate in piccoli pezzi; tritato; battuto.
[5] **punta**: la parte più alta.

Pinzimonio

Ingredienti per quattro persone:

. due carote
. due carciofi
. quattro costole[1] di sedano
. quattro cipolline bianche fresche
. otto ravanelli
. un finocchio
. un bicchiere di olio extra vergine d'oliva
. sale & pepe a piacere

Attrezzatura:

. un tagliere
. un coltello
. una ciotola

La ricetta: pulite le carote e dividetele longitudinalmente[2] in quattro parti; pulite i carciofi, lasciando solo il cuore (la parte più tenera), e divideteli in quattro parti; poi dividete anche il sedano longitudinalmente in quattro parti, le cipolle bianche in due parti, il finocchio in otto parti, mentre lasciate interi i ravanelli.
Prendete una ciotola e versateci l'olio extra vergine d'oliva, il sale e il pepe e inzuppate[3] le verdure fresche tagliate in questa semplice salsa, facendo attenzione a non ungervi[4].

Un consiglio di Maurizio: amici, le verdure in pinzimonio si mangiano con le mani! Assolutamente proibito aggiungere[5] alla salsa del limone o dell'aceto...! con questo piatto non si beve il vino, perché alcune verdure, come per esempio il finocchio, ne alterano[6] il gusto.

---

[1] **costola** (di sedano): la parte dura, bianca e senza foglie del sedano.
[2] **longitudinalmente**: in modo verticale; verticalmente.
[3] **inzuppare**: immergere; bagnare abbondantemente.
[4] **ungersi**: sporcarsi con l'unto, con l'olio.
[5] **aggiungere**: mettere in più.
[6] **alterare**: cambiare, perdendo l'originalità del gusto.

6.
La pizza

Preparazione della pasta base per la pizza

Ingredienti per quattro pizze:

. *400 grammi di farina*
. *10 grammi di lievito di birra*[1]
. *un cucchiaino di sale*
. *mezzo bicchiere d'acqua*
. *un po' di burro*

Attrezzatura:

. *una zuppiera*
. *una forchetta*
. *un bicchiere*
. *un coltello*
. *un tovagliolo*
. *un matterello*
. *una teglia (di forma rotonda o quadrata)*

La ricetta: mettete la farina in una zuppiera con un po' di sale. Sciogliete[2] il lievito di birra in mezzo bicchiere di acqua tiepida[3]; disponete[4] la farina a vulcano e versate nel centro l'acqua in cui avete sciolto il lievito. Con l'aiuto della forchetta, iniziate a impastare[5] la farina fino a quando l'acqua non è completamente assorbita[6]. Se necessario, aggiungete[7] altra acqua tiepida poco alla volta. Iniziate poi la lavorazione della pasta con le mani, fino a ottenere una palla di pasta morbida[8]. A questo punto, fate un taglio a croce sulla palla.

---

[1] **lievito di birra**: fermento usato per fare il pane e la pizza.
[2] **sciogliere**: fondere; liquefare.
[3] **tiepido**: moderatamente caldo.
[4] **disporre**: mettere con un certo ordine o forma.
[5] **impastare**: manipolare; mescolare; lavorare con le mani.
[6] **assorbire**: incorporare.
[7] **aggiungere**: mettere in più.
[8] **morbida**: non dura; tenera.

Coprite la zuppiera con un tovagliolo e lasciate riposare in un luogo tiepido per almeno un'ora (meglio due ore). La pasta deve lievitare, cioè crescere; durante la lievitazione il taglio a croce che avete fatto si apre.
A lievitazione avvenuta, lavorate ancora un po' la pasta e stendetela[9] con un matterello fino a uno spessore[10] di circa mezzo centimetro. Adagiatela[11] su una teglia imburrata e conditela[12] come più vi piace, seguendo anche le indicazioni che troverete nelle prossime pagine.

Un consiglio di Maurizio: con le pizze si dovrebbe bere un vino bianco secco, ma in Italia si usa spesso accompagnare questo piatto con un bicchiere di birra. Io preferisco il vino.

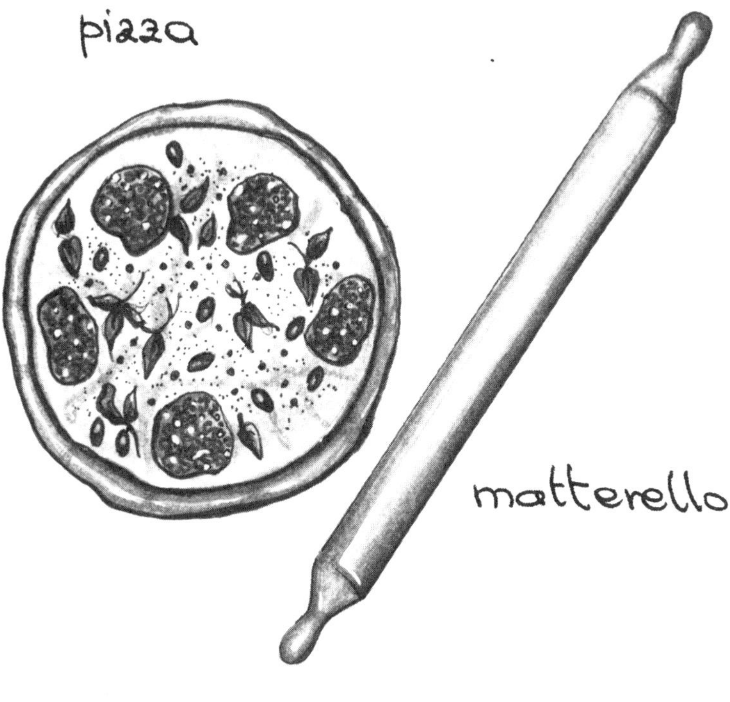

---

[9]**stendere** (la pasta): ridurre l'impasto in uno strato sottile;
[10]**spessore**: altezza; grossezza.
[11]**adagiare**: mettere; porre; stendere.
[12]**condire**: insaporire; dare un buon sapore.

Viva la pizza!

Oggi tutti conoscono la pizza: è un piatto che viene preparato e mangiato nel mondo intero. Ma forse non tutti sanno che la sua origine è popolare; questa pietanza, infatti, serviva a sfamare[1] con poca spesa le famiglie numerose della Napoli povera. Proprio per questo, per il suo accostamento[2] con la gente povera, la pizza non fu in principio apprezzata dai ricchi e dalla nobiltà. Anzi, per un certo periodo fu persino proibito[3] mangiarla a corte. Fu Ferdinando di Borbone che, incuriosito, da questo famoso piatto, assaporò[4] per primo la pizza. Si fece accompagnare nella pizzeria di Antonio Testa, che si trovava nella Salita Santa Teresa, una vecchia strada di Napoli e poté verificare quanto fosse giustificato l'entusiasmo dei suoi sudditi per questo piatto. *'Ntuono*, come veniva amichevolmente chiamato il pizzaiolo Antonio Testa, fece assaggiare al sovrano molte delle sue specialità e questi rimase stupefatto[5] dalla bontà della pizza.

Nel 1832 fu fatto costruire dal re Ferdinando II un enorme forno a legna nel parco della reggia[6] di Capodimonte e fu lo stesso figlio di *'Ntuono*, Domenico Testa, a occuparsi della realizzazione. Ma l'episodio forse più famoso fu quando la regina Margherita di Savoia, in visita a Napoli, chiese a un pizzaiolo, un certo *Nase 'e cane* (Naso di cane), di farle assaggiare alcune delle sue specialità. Fra le tante pizze che *Nase 'e cane* fece assaggiare alla regina, una in particolare colpì[7] Margherita di Savoia, una semplice pizza con pomodoro e mozzarella.

Quel giorno era nata la pizza Margherita.

---

[1] **sfamare**: togliere la fame.
[2] **accostamento**: abbinamento; accoppiamento.
[3] **proibito**: non permesso; vietato.
[4] **assaporare**: provare; assaggiare; gustare.
[5] **stupefatto**: piacevolmente sorpreso; stupito.
[6] **reggia**: palazzo reale.
[7] **colpire**: provocare una reazione positiva; impressionare.

Pizza Margherita

Ingredienti per una pizza:

. pasta base
. 100 grammi di pomodori pelati
. 70 grammi di mozzarella, tagliata a fette sottili
. olio extra vergine d'oliva e sale a piacere

Consigli per la preparazione: è bene mettere la mozzarella non all'inizio della cottura, come per gli altri ingredienti, ma poco prima della fine, quando la pizza è quasi cotta: in questo modo eviterete che la mozzarella bruci[1] e perda tutto il suo delicato sapore.
Mettete la pizza in forno quando questo è già caldo a 250 gradi e cuocete per 10/12 minuti.

Pizza alla marinara

Ingredienti per una pizza:

. pasta base
. 100 grammi di pomodori pelati
. quattro spicchi[2] d'aglio tritato[3] finemente
. un cucchiaino di origano
. olio extra vergine d'oliva e sale marino a piacere

Consigli per la preparazione: ricordate di tritare l'aglio finemente, per fare in modo che non resti crudo[4]. Per quanto riguarda l'origano, è meglio se usate quello fresco, che dà maggiore profumo alla vostra pizza.
Mettete la pizza in forno quando questo è già caldo a 250 gradi e cuocete per 10/12 minuti.

---

[1] **bruciare**: cuocere fino a diventare nero; carbonizzare.
[2] **spicchio**: parte, segmento di un'arancia, di un limone o di un aglio.
[3] **tritato finemente**: ridotto in piccolissimi pezzi; sminuzzato; tagliato; macinato.
[4] **crudo**: non cotto (e quindi non digeribile).

Pizza alla napoletana

Ingredienti per una pizza:

. *pasta base*
. *100 grammi di pomodori pelati*
. *un cucchiaio di origano*
. *un cucchiaio di capperi*
. *qualche filetto d'acciuga*
. *olio extra vergine d'oliva e sale a piacere*

Consigli per la preparazione: per questa pizza, aggiungete[1] un po' di olio extra vergine d'oliva a fine cottura. I capperi e i filetti d'acciuga sono una variante. Ricordatevi, però, di aggiungerli solo 5 minuti prima che la pizza sia pronta, limitando l'uso del sale[2].
Mettete la pizza in forno quando questo è già caldo a 250 gradi e cuocete per 10/12 minuti.

Pizza alla romana

Ingredienti per una pizza:

. *pasta base*
. *100 grammi di pomodori pelati*
. *100 grammi di mozzarella tagliata a dadini*[3]
. *quattro filetti d'acciuga*
. *cinque foglie di basilico*
. *olio extra vergine d'oliva e sale a piacere*

Consigli per la preparazione: per questa pizza i filetti d'acciuga devono essere dissalati[4]; inoltre va usato il basilico fresco, messo a fine cottura, per decorare e dare un bel profumo.
Mettete la pizza in forno quando questo è già caldo a 250 gradi e cuocete per 10/12 minuti.

---

[1] **aggiungere**: mettere in più.
[2] **limitare l'uso del sale**: usare poco sale.
[3] **dadino**: piccolo pezzo; cubetto.
[4] **dissalare**: togliere il sale.

Pizza Capricciosa

Ingredienti per una pizza:

. *pasta base*
. *100 grammi di pomodori pelati*
. *100 grammi di mozzarella tagliata a dadini*[1]
. *50 grammi di prosciutto cotto tagliato a dadini*
. *50 grammi di funghetti*
. *50 grammi di carciofi sott'olio*
. *quattro foglie di basilico*
. *olio extra vergine d'oliva e sale a piacere*

Consigli per la preparazione: la pasta per questa pizza deve essere un po' più alta, più spessa, per fare in modo che i tanti ingredienti non sfaldino[2] la pasta base. Usate la mozzarella di bufala e il basilico fresco.
Mettete la pizza in forno quando questo è già caldo a 250 gradi e cuocete per 10/12 minuti.

Pizza ai quattro formaggi

Ingredienti per una pizza:

. *pasta base*
. *100 grammi di mozzarella*
. *50 grammi di scamorza*
. *50 grammi di fontina*
. *50 grammi di gorgonzola*
. *olio extra vergine d'oliva, sale & pepe a piacere*

Consigli per la preparazione: mettete la scamorza e la fontina all'inizio della cottura; la mozzarella e il gorgonzola dopo 5/6 minuti.
Mettete la pizza in forno quando questo è già caldo a 250 gradi e cuocete per 10/12 minuti.

---

[1]**dadino**: piccolo pezzo; cubetto.
[2]**sfaldare**: disgregarsi; scomporsi.

Pizza al prosciutto

Ingredienti per una pizza:

. pasta base
. 100 grammi di mozzarella
. 100 grammi di prosciutto cotto
. un cucchiaino di panna da cucina
. olio extra vergine d'oliva, sale & pepe a piacere

Consigli per la preparazione: le fette di prosciutto non vanno messe intere, ma a strisce, a pezzetti. La panna va spalmata sulla pizza come se fosse burro, per ammorbidire[1] la pasta base e il prosciutto, in modo che questi non diventino troppo secchi[2] o bruciati[3].
Mettete la pizza in forno quando questo è già caldo a 250 gradi e cuocete per 10/12 minuti.

Pizza alla salsiccia

Ingredienti per una pizza:

. pasta base
. 100 grammi di pomodori pelati
. 100 grammi di mozzarella tagliata a dadini
. una salsiccia di puro suino[4]
. olio extra vergine d'oliva e sale a piacere

Consigli per la preparazione: la salsiccia va prima spellata[5] e poi sbriciolata[6] sulla pizza. Ricordate che la salsiccia è già abbastanza grassa, quindi è meglio limitare l'uso dell'olio[7].
Mettete la pizza in forno quando questo è già caldo a 250 gradi e cuocete per 10/12 minuti.

---

[1] **ammorbidire**: rendere morbido.
[2] **secchi**: troppo duri e senza un minimo di umidità.
[3] **bruciati**: neri; carbonizzati.
[4] **suino**: maiale.
[5] **spellare**: togliere la pelle.
[6] **sbriciolare**: ridurre in briciole, in pezzi piccoli; sminuzzare.
[7] **limitare l'uso dell'olio**: usare poco olio.

Pizza quattro stagioni

Ingredienti per una pizza:

. pasta base
. 100 grammi di pomodori pelati
. 100 grammi di mozzarella tagliata a dadini[1]
. 50 grammi di prosciutto cotto
. 50 grammi di carciofi sott'olio
. due cucchiai di funghetti sott'olio
. cinque foglie di basilico fresco
. olio extra vergine d'oliva e sale a piacere

Consigli per la preparazione: questi ingredienti non vanno messi tutti insieme. Dovete infatti dividere idealmente la pizza in quattro parti e mettere in una i funghetti, nell'altra la mozzarella con il basilico, in un'altra ancora i carciofi e nell'ultima il prosciutto.
Mettete la pizza in forno quando questo è già caldo a 250 gradi e cuocete per 10/12 minuti.

Pizza ai peperoni

Ingredienti per una pizza:

. pasta base
. 100 grammi di pomodori pelati
. un peperone
. olio extra vergine d'oliva e sale a piacere

Consigli per la preparazione: il peperone va messo sulla pizza dopo averlo arrostito[2] e spellato[3], se no non cuoce. Usate un peperone verde o giallo, non per il sapore, ma per dare più colore al piatto.
Mettete la pizza in forno quando questo è già caldo a 250 gradi e cuocete per 10/12 minuti.

---

[1] **dadino**: piccolo pezzo; cubetto.
[2] **arrostire**: cuocere per azione diretta del calore; abbrustolire; tostare.
[3] **spellare**: togliere la pelle.

Pizza ai funghi

Ingredienti per una pizza:

. pasta base
. 100 grammi di pomodori pelati
. 100 grammi di funghi secchi o freschi (oppure 50 grammi di funghi sott'olio)
. due spicchi[1] *d'aglio*
. un cucchiaino di prezzemolo tritato[2]
. olio extra vergine d'oliva e sale a piacere

Consigli per la preparazione: durante la stagione dei funghi (da settembre a novembre) consiglio di usare i funghi porcini: vi assicuro che il loro profumo e il loro sapore rendono questa pizza insuperabile!
Mettete la pizza in forno quando questo è già caldo a 250 gradi e cuocete per 10/12 minuti.

Pizza al tonno

Ingredienti per una pizza:

. pasta base
. 100 grammi di pomodori pelati
. 100 grammi di tonno
. una cipolla
. olio extra vergine d'oliva e sale a piacere

Consigli per la preparazione: consiglio di usare una cipolla rossa, perché ha maggiore sapore. Il tonno deve essere fresco o conservato sotto olio d'oliva.
Mettete la pizza in forno quando questo è già caldo a 250 gradi e cuocete per 10/12 minuti.

---

[1] **spicchio**: parte, segmento di un'arancia, di un limone o di un aglio.
[2] **tritato**: ridotto in piccoli pezzi; sminuzzato; tagliato; macinato.

7.
I dolci

Panna cotta alle fragole

Salame al cioccolato

Cantuccini di Prato

Mousse di melone

Tiramisù

Cenci

Pere al forno

Panna cotta alle fragole

Ingredienti per quattro persone:

. 300 grammi di fragole
. 8 grammi di colla di pesce[1] *in fogli*
. 6 cucchiai di zucchero
. una stecca[2] *di vaniglia*
. mezzo litro di panna liquida per dolci

Attrezzatura:

. un tagliere
. un coltello
. un pentolino
. un tegame
. quattro stampini
. un frullatore
. un cucchiaio
. un mestolo di legno
. una ciotola di vetro

La ricetta: prendete le fragole, toglietegli il picciolo[3], lavatele bene, mettetele in una ciotola di vetro e frullatele[4] con due cucchiai di zucchero, lasciandone alcune intere per la decorazione finale.
Prendete un tegame e mettetelo su un fuoco medio con dentro la panna, quattro cucchiai di zucchero, la vaniglia e portate a ebollizione[5], girando di tanto in tanto con il mestolo di legno.
Nel frattempo, ammorbidite[6] i fogli di gelatina in acqua fredda; toglieteli dall'acqua dopo qualche minuto e fateli sciogliere[7] in un tegame a fuoco lento.

---

[1]**colla di pesce**: tipo di gelatina, usata nell'industria alimentare.
[2]**stecca**: pezzetto; asticella (la vaniglia si vende a stecche).
[3]**picciolo**: la parte superiore, di colore verde, che tiene attaccate le fragole alla pianta.
[4]**frullare**: agitare fortemente o sbattere con il frullino o il frullatore.
[5]**portare a ebollizione**: fare bollire.
[6]**ammorbidire**: rendere morbido; ammollare.
[7]**sciogliere**: diventare liquido; fondere; liquefare.

Appena la panna bolle, versate la gelatina ammorbidita e continuate a mescolare[8] per tre minuti, fino a quando la gelatina si è amalgamata[9] bene con la panna. A questo punto, versate la panna cotta negli stampini e mettete in frigorifero per circa 2 ore.
Per servire, rovesciate[10] su un piatto il contenuto degli stampini, coprite con la salsa di fragole e decorate[11] con le fragole che avete lasciato intere.

Un consiglio di Maurizio: per la decorazione usate le fragole più piccole, in modo che siano da "contorno" alla vostra panna cotta e non la coprano completamente. L'ideale sarebbero le fragoline di bosco, piccole e dal sapore intenso.
Con questo dolce non mi sento di segnalare dei vini particolari. Ricordate, comunque di non bere vini troppo corposi, con un gusto eccessivamente dolce, che potrebbero nascondere il gusto delle fragole.

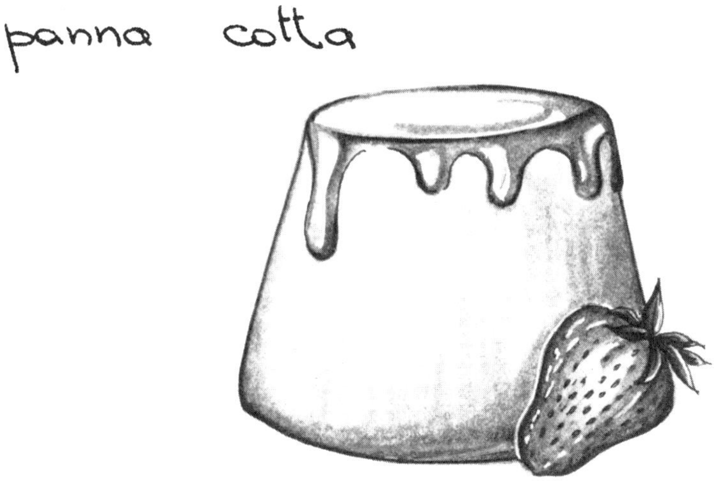

---

[8]**mescolare**: unire gli ingredienti fra loro; mischiare.
[9]**amalgamata**: mescolata bene; impastata; unita.
[10]**rovesciare**: voltare di sotto in su; capovolgere.
[11]**decorare**: rendere più bello; abbellire; ornare.

Salame al cioccolato
(Rotolo di cioccolato biancaneve)

Ingredienti per quattro persone:

. *125 grammi di cacao amaro*
. *125 grammi di biscotti secchi*
. *125 grammi di zucchero*
. *100 grammi di burro*
. *50 grammi di nocciole tostate*[1] *e tritate*[2]
. *due tuorli*[3] *d'uovo*
. *un cucchiaio di cognac*
. *un cucchiaio di olio*

Per la decorazione:

. *125 millilitri di panna da montare*[4]
. *scaglie*[5] *di cioccolato a piacere*

Attrezzatura:

. *un foglio di alluminio*
. *una terrina*
. *un piatto*
. *un tagliere*
. *un coltello*
. *una frusta*

La ricetta: lavorate[6] con la frusta in una terrina i tuorli d'uovo con lo zucchero e il burro ammorbidito[7] (toglietelo dal frigorifero almeno un'ora prima della preparazione), fino a ottenere una crema; quindi aggiungete[8] il

---

[1]**tostate**: cotte per azione diretta del calore; abbrustolite; arrostite.
[2]**tritate**: ridotte in piccoli pezzi; sminuzzate; tagliate; macinate.
[3]**tuorlo** (dell'uovo): la parte gialla dell'uovo.
[4]**panna da montare**: tipo di panna che, sbattuta, diventa come una neve soffice.
[5]**scaglia**: pezzetto; frammento di forma piatta.
[6]**lavorare** (in questo caso): sbattere; agitare per fare amalgamare.
[7]**ammorbidito**: reso morbido; ammollato.
[8]**aggiungere**: mettere in più.

cacao in polvere, i biscotti secchi sbriciolati[9], il cognac e le nocciole tritate. Mescolate[10] accuratamente[11] tutti questi ingredienti, in modo da avere un impasto omogeneo.
A questo punto ungete[12] con l'olio un foglio d'alluminio e stendeteci sopra il composto che avete preparato; avvolgete la carta dando al vostro dolce la forma di un salame del diametro di circa 5 centimetri, poi mettete il rotolo nel freezer per 60 minuti.
Trascorso questo tempo, togliete il rotolo dal freezer, mettetelo su un tagliere, tagliatelo a fette e distribuiteci sopra le scaglie di cioccolato.
Per finire, servite le fette in un piatto con sopra della panna montata un po' liquida.

Un consiglio di Maurizio: quando montate la panna per questo dolce, fatelo in un piatto e usate la frusta, in modo che la panna non monti troppo. Ricordatevi anche di aggiungere due cucchiai di zucchero.

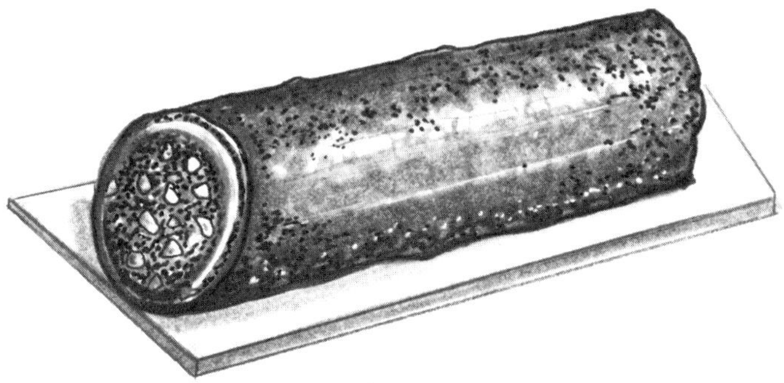

salame al cioccolato

---

[9] **sbriciolati**: ridotti in briciole; fatti a apezzetti piccolissimi.
[10] **mescolare**: unire gli ingredienti fra loro; mischiare.
[11] **accuratamente**: con cura; con attenzione.
[12] **ungere**: bagnare con un filo d'olio.

Cantuccini di Prato

Ingredienti per quattro persone:

. *500 grammi di farina*
. *300 grammi di zucchero*
. *300 grammi di mandorle*
. *100 grammi di burro*
. *un uovo per spennellare*[1] *i biscotti*
. *tre uova per l'impasto*
. *una bustina di vaniglina*[2]
. *½ bustina di lievito*
. *una buccia di limone grattugiata*[3]
. *un pizzico*[4] *di sale*

Attrezzatura:

. *un coltello*
. *un pennello*
. *carta da forno*
. *una teglia*
. *una grattugia*

La ricetta: prima di tutto dovete togliere il burro dal frigorifero almeno un'ora prima di cominciare la lavorazione; quando il burro è morbido[5], prendete la farina e disponetela[6] a vulcano; metteteci nel mezzo le uova, lo zucchero, il lievito, la vaniglina, la buccia di limone grattugiata e un po' di sale e amalgamate[7] il tutto fino a ottenere un impasto morbido. Ora aggiungete[8] le mandorle, incorporandole[9] bene, quindi tagliate l'impasto in

---

[1]**spennellare**: passare sopra con il pennello, come per dipingere.
[2]**vaniglina**: composto derivato dalla vaniglia.
[3]**grattugiata**: fatta in piccolissimi pezzi con la grattugia; grattata.
[4]**un pizzico**: un po'; poco.
[5]**morbido**: non duro; tenero.
[6]**disporre**: sistemare; collocare; mettere.
[7]**amalgamare**: mescolare bene; impastare; unire.
[8]**aggiungere**: mettere in più.
[9]**incorporare**: mescolare; amalgamare; impastare.

modo da ottenere dei bastoncini simili ai grissini, e spennellateli nella parte superiore con il tuorlo[10] dell'uovo.
Arrivati a questo punto dovete prendere la teglia, stenderci sopra la carta da forno e mettere questi bastoncini in forno a 180 gradi per circa 40 minuti. Una volta cotti, tagliateli ancora quando sono caldi, per avere dei bastoncini di circa 5/7 centimetri di lunghezza e rimetteteli in forno per 5 minuti, per farli asciugare[11].
I cantuccini di Prato sono pronti!

Un consiglio di Maurizio: è tradizione mangiare questi biscotti secchi, immergendoli[12] nel *vin santo*, un vino dolce e liquoroso che si produce in Toscana. Credo che senza dubbio sia il modo migliore per accompagnare questi biscotti e apprezzare fino in fondo il loro sapore.

[10]**tuorlo**: la parte gialla dell'uovo.
[11]**asciugare**: rendere asciutto; eliminare il liquido o l'umidità.
[12]**immergere**: mescolare; amalgamare; impastare.

Mousse di melone

Ingredienti per quattro persone:

. *300 grammi di polpa*[1] *di melone*
. *100 grammi di zucchero*
. *250 millilitri di panna per dolci*
. *tre fogli di gelatina*

Per la decorazione:

. *300 grammi di cocomero a dadini*[2]

Attrezzatura:

. *quattro stampini*
. *una ciotola*
. *un frullatore*
. *un coltello*
. *un tagliere*
. *un tegamino*
. *un mestolo di legno*
. *una terrina*
. *una frusta*

La ricetta: fate ammorbidire[3] per circa 5 minuti la gelatina in una ciotola con l'acqua fredda; poi tagliate a pezzetti la polpa di melone e frullatela[4] con lo zucchero, fino a ottenere un composto[5] omogeneo[6].
A questo punto scolate[7] bene la gelatina e fatela sciogliere[8] in un tegamino; unitela al frullato di melone e incorporatela[9], rimestando[10] con il mestolo di legno.

---

[1] **polpa**: parte interna, succosa e carnosa.
[2] **dadino**: piccolo cubo; cubetto.
[3] **ammorbidire**: rendere morbido; ammollare.
[4] **frullare**: agitare fortemente o sbattere con il frullino o il frullatore.
[5] **composto**: tutto ciò che è formato da due o più ingredienti; salsa.
[6] **omogeneo**: uniforme; ben amalgamato.
[7] **scolare**: eliminare l'acqua con la quale avete sciolto la gelatina.
[8] **sciogliere**: diventare liquido; fondere; liquefare.
[9] **incorporare**: mescolare; amalgamare; impastare.
[10] **rimestare**: mescolare.

Montate[11] la panna in una terrina e unitela al composto di melone, mescolando[12] delicatamente. Versate il tutto negli stampini e ponete in frigorifero per almeno due ore. Decorate con i dadini di cocomero.

Un consiglio di Maurizio: al momento di servire, ricordatevi di immergere[13] per qualche secondo gli stampini nell'acqua calda, prima di capovolgerli[14] nel piatto di portata; in questo modo il distacco della mousse dagli stampini sarà semplice e immediato.

[11] **montare**(la panna): far diventare la panna come neve soffice.
[12] **mescolare**: unire gli ingredienti fra loro; mischiare.
[13] **immergere**: mescolare; amalgamare; impastare.
[14] **capovolgere**: voltare di sotto in su; rovesciare.

Tiramisù
(dolce al mascarpone)

Ingredienti per quattro persone:

. *400 grammi di mascarpone*
. *300 grammi di biscotti tipo «Pavesini»*
. *quattro uova*
. *una tazza di caffè*
. *sei cucchiai di zucchero*
. *cacao amaro a piacere*

Attrezzatura:

. *un colino*
. *due ciotole*
. *una frusta*
. *un cucchiaio*
. *una scodella*
. *una pirofila*

La ricetta: prendete le uova, apritele e mettete l'albume[1] in una ciotola e il tuorlo[2] nell'altra. Nella ciotola con il tuorlo, metteteci sei cucchiai di zucchero e montate, cioè agitate il tutto con la frusta, fino a farlo diventare un po' spumeggiante[3]; quindi, aggiungete[4] il mascarpone e montate ancora con il mestolo di legno, fino a ottenere una crema.
A questo punto, nell'altra ciotola montate gli albumi a neve[5] e uniteli alla crema, facendo in modo che il tutto si amalgami[6] bene.
Versate[7] il caffè freddo in una scodella e immergeteci[8] i biscotti per pochi secondi (affinché rimangano ancora interi). Fate un letto di biscotti sul

---

[1]**albume**: la parte trasparente dell'uovo.
[2]**tuorlo**: la parte gialla dell'uovo.
[3]**spumeggiante**: con molta spuma; soffice; vaporoso.
[4]**aggiungere**: mettere in più.
[5]**montare a neve**: agitare, sbattere per fare diventare il tutto come la neve.
[6]**amalgamarsi**: mescolarsi; incorporarsi; unirsi.
[7]**versare**: mettere un liquido in un contenitore.
[8]**immergere**: mettere in un liquido; affondare.

fondo di una pirofila e stendeteci sopra uno strato di crema; ripetete la stessa operazione due o tre volte.
Alla fine, spolverate[8] il cacao aiutandovi con il colino.

Un'informazione: questo è il «Tiramisù» classico, ma si può trovare anche il «Tiramisù» con il rhum o il brandy al posto del caffè e con altri aromi ancora, secondo il piacere di ognuno.

Un consiglio di Maurizio: con questo dolce è preferibile non bere vini, vista la presenza del caffè e del cacao.

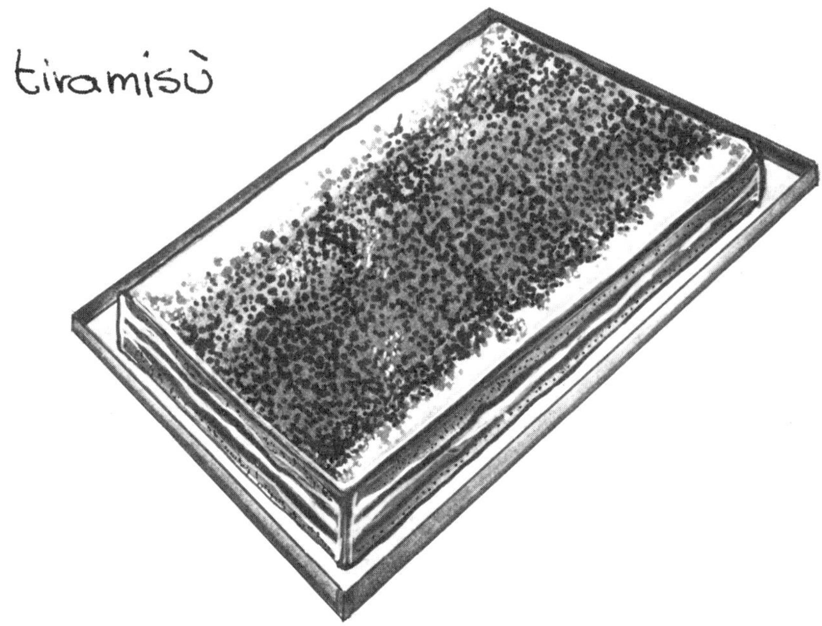

[8]**spolverare** (in cucina): mettere sopra, cospargere, come una polvere.

Cenci

Ingredienti per quattro persone (30 cenci):

. 300 grammi di farina
. 100 grammi di burro
. 150 grammi di zucchero a velo
. ½ bustina di lievito per dolci
. un litro di olio di semi di girasole
. quattro cucchiai di zucchero
. due bucce d'arancia grattugiate[1]
. quattro uova

Attrezzatura:

. una ciotola
. una frusta
. una grattugia
. una padella
. un vassoio
. una padella
. un matterello
. un coltello
. cinque fogli di carta assorbente

La ricetta: togliete il burro da frigorifero, almeno un'ora prima della preparazione, in modo che si ammorbidisca[2]; quindi prendete una ciotola e metteteci lo zucchero e le uova, e con la frusta fate amalgamare[3] il tutto; aggiungete[4] le bucce di arancia grattugiate, il lievito e la farina; mescolate[5], fino a far diventare il composto[6] consistente[7] come una pasta da pizza, lavorandolo con le mani finché non otterrete una palla.

---

[1] **grattugiate**: fatte in pezzi piccolissimi con la grattugia; grattate.
[2] **ammorbidirsi**: diventare morbido; ammollarsi.
[3] **amalgamare**: mescolare bene; impastare; unire.
[4] **aggiungere**: mettere in più.
[5] **mescolare**: unire gli ingredienti fra loro; mischiare.
[6] **composto**: tutto ciò che è formato da due o più ingredienti; salsa.
[7] **consistente**: compatto; solido.

Aspettate qualche minuto, poi prendete il matterello e iniziate a stendere[8] la pasta, fino a ottenere una sfoglia[9] spessa[10] circa due millimetri. Tagliate con il coltello questa sfoglia a strisce[11] larghe 3 centimetri e lunghe 15 centimetri.
Quando tutto è pronto, prendete la padella con l'olio e mettetela sul fuoco; fate scaldare[12], quindi mettete le vostre strisce e fatele friggere[13] fino a farle diventare dorate[14]; tiratele fuori e stendetele su un vassoio con la carta assorbente (per togliere l'olio della frittura).
Servite i vostri cenci con abbondante zucchero a velo sopra e... leccatevi i baffi[15]!

Un consiglio di Maurizio: prima di servire, togliete i cenci da vassoio con la carta assorbente e metteteli in un altro vassoio: l'aspetto dei biscotti che avete preparato sarà molto migliore. Anche gli occhi vogliono la loro parte[16], non credete?

cencio

---

[8] **stendere** (la pasta): ridurre l'impasto in uno strato sottile;
[9] **sfoglia**: impasto sottile.
[10] **spessa**: alta.
[11] **striscia**: forma allungata e stretta; lista.
[12] **scaldare**: portare a temperatura più alta.
[13] **friggere**: cuocere in olio ad alta temperatura.
[14] **dorate**: di colore giallo oro.
[15] ***leccarsi i baffi***: significa godere per qualcosa di buono da mangiare.
[16] ***anche gli occhi vogliono la loro parte***: significa che una pietanza non deve essere solo buona da mangiare, ma anche bella da vedere.

Pere al forno

Ingredienti per quattro persone:

. *quattro pere*
. *250 millilitri di vino liquoroso (vinsanto)*
. *100 grammi di zucchero*

Attrezzatura:

. *una pirofila da forno*
. *un cucchiaio*
. *un coltello*

La ricetta: lavate le pere, asciugatele[1], tagliatele a metà, sbucciatele[2], togliete il torsolo[3] e disponetele[4] in piedi dentro la pirofila con il vino e lo zucchero.
Mettete le pere in forno a 180 gradi per circa 20 minuti. Quando le pere sono cotte, toglietele dal forno e servitele ben calde.

Un consiglio di Maurizio: per rendere questo dolce ancora più gustoso, consiglio di preparare della cioccolata fusa[5], mentre le pere cuociono in forno, e di cospargere[6] le pere con questa cioccolata liquida: vi posso assicurare che è la fine del mondo[7] ...!
Ancora: come tutti sanno, esistono diversi tipi di pera che cuociono più o meno facilmente. I tempi di cottura che ho indicato sono medi e si riferiscono a pere tipo *Williams* o *Conference*. Per evitare di cuocere troppo le vostre pere al forno, controllate con una forchetta la loro consistenza[8], prima di toglierle dal forno.
I vini più adatti con le pere al forno sono i bianchi dolci corposi, come l'*Aleatico*.

---

[1]**asciugare**: eliminare il liquido o l'umidità; rendere asciutto.
[2]**sbucciare**: togliere la buccia; pelare.
[3]**torsolo**: la parte che sta al centro delle pere (e delle mele) che non si mangia.
[4]**disporre**: sistemare; collocare; mettere.
[5]**cioccolata fusa**: cioccolata scaldata e resa liquida.
[6]**cospargere**: spargere; lasciare cadere; mettere.
[7]**la *fine del mondo***: in italiano significa che qualcosa è davvero buona o bella!
[8]**consistenza**: compattezza; densità.

Esercizi

con chiavi

Inserimento facilitato

Ricostruzione di frasi

Lessico e test

Capitolo 1
La pasta

1. Completate il brano con le parole seguenti:

chilo; fabbricazione; famose; farina; forme; fresca; grano; grossezza; impastata; impasto; matterello; piatto; sacchetti; strisce; tipi.

«La pasta è il (1) .... nazionale italiano e si trova in (2) .... e qualità varie nelle diverse regioni d'Italia.
Può essere di due (3) .... diversi, la pasta di semola di (4) .... duro e la pasta (5) .... all'uovo.
La prima è soprattutto di (6) .... industriale e si trova confezionata in (7) .... e pacchi da 500 grammi o un (8) .... e anche più. Ha numerose forme, contrassegnate da numeri che ne indicano la (9) ....
Le forme più (10) .... sono gli spaghetti, i maccheroni, le penne, le farfalle, le linguine, i bucatini, ecc... .
La seconda è fatta preferibilmente in casa, con 100 grammi di (11) .... e un uovo per persona. Viene (12) .... a mano e lavorata con il (13) .... o con una macchinetta che comprime l'(14) .... tra due rulli, lo riduce a (15) .... e lo taglia nelle forme desiderate.»

Chiavi:

(1) piatto (2) forme (3) tipi (4) grano (5) fresca (6) fabbricazione (7) sacchetti (8) chilo (9) grossezza (10) famose (11) farina (12) impastata (13) matterello (14) impasto (15) strisce.

2. Completate il brano con le parole seguenti:

appassionato; bollente; condisce; consistenza; cotta; cottura; dente; denti; ditte; duro; grammi; mescolata; messa; porzione; scola; scotta; varia.

«La pasta di grano (1) .... si cuoce in abbondante acqua (2) .... salata per un tempo che (3) .... a seconda della forma.
Le migliori (4) .... indicano sulla confezione il tempo di (5) .... Ricordiamoci comunque che la pasta in generale non va (6) .... troppo: nessun italiano, nessun esperto o (7) .... di pasta vuole mangiare la pasta (8) ...., cioè troppo cotta. Si preferisce, al contrario, mangiarla al (9) ...., cioè cotta moderatamente, in modo che mantenga una certa (10) ...., che si deve sentire sotto i (11) ...., appunto.
Appena (12) .... in acqua e durante la cottura, la pasta deve essere (13) .... varie volte.
A fine cottura si (14) ...., versandola nello scolapasta e si (15) .... con il sugo preferito: per questo tipo di pasta la (16) .... per una persona è di circa 100 (17) ....

Chiavi:

(1) duro (2) bollente (3) varia (4) ditte (5) cottura (6) cotta (7) appassionato (8) scotta (9) dente (10) consistenza (11) denti (12) messa (13) mescolata (14) scola (15) condisce (16) porzione (17) grammi.

3. Completate il brano con le parole seguenti:

abbondante; breve; cottura; cuocere; fresca; scolata; semola; superficie.

«La pasta (1) .... all'uovo si cuoce in (2) .... acqua bollente salata, con le stesse proporzioni della pasta di (3) .... di grano duro. Attenzione, però, perché il tempo di (4) .... di questo tipo di pasta è molto più (5) ....! È cotta quando sale in (6) ...., spinta dall'ebollizione dell'acqua. A questo punto va (7) .... immediatamente, in modo che non continui a (8) .... e perda di consistenza.

Chiavi:

(1) fresca (2) abbondante (3) semola (4) cottura (5) breve (6) superficie (7) scolata (8) cuocere.

4. Completate il brano con le parole seguenti:

aggiunta; base; condimento; grattugiato; ingredienti; ligure; mangia; modi; napoletana; olio; regione; sugo; tipici.

Nessuno (1) .... la pasta senza (2) .... Esistono tantissimi (3) .... per condirla. I più comuni sono: con (4) .... o burro più Parmigiano (5) ...., con un sugo a (6) .... di pomodoro, con un sugo a base di carne e (7) .... di pomodoro, con un (8) .... a base di pesce, con vari (9) .... come uova, verdure, pancetta, prosciutto, ecc... . Ogni (10) .... d'Italia ha i suoi condimenti (11) .... I più famosi sono il pesto (12) ...., il ragù emiliano e la pomarola (13) ....»

Chiavi:

(1) mangia (2) condimento (3) modi (4) olio (5) grattugiato (6) base (7) aggiunta (8) sugo (9) ingredienti (10) regione (11) tipici (12) ligure (13) napoletana.

5. Scegliete la definizione giusta.

1. Il passato è:
   a. un impasto semiliquido a base di farina ☐
   b. verdura o legume ridotte in poltiglia ☐
   c. la parte grassa del latte ☐

2. La pietanza è:
   a. un piatto, qualsiasi vivanda servita in tavola ☐
   b. un piatto preparato con pasta di grano duro ☐
   c. la parte magra della carne di vitello ☐

3. Rosolare significa:
   a. ritirare, diminuire, concentrare ☐
   b. ridurre in uno strato sottile l'impasto ☐
   c. friggere a fuoco basso e per poco tempo ☐

4. Tritare significa:
   a. finire; terminare ☐
   b. ridurre in piccoli pezzi; sminuzzare, tagliare ☐
   c. togliere la pelle; sbucciare ☐

5. Spalmare significa:
   a. stendere uniformemente su una superficie ☐
   b. inumidire; bagnare; versare a gocce ☐
   c. asciugare; disidratare; disseccare ☐

6. Scolare significa:
   a. pressare; schiacciare; restringere ☐
   b. pulire con l'acqua ☐
   c. eliminare l'acqua di cottura ☐

Chiavi:

1. b (verdura o legume ridotto in poltiglia) 2. a (un piatto, qualsiasi vivanda portata in tavola) 3. c (friggere a fuoco basso e per poco tempo) 4. b (ridurre in piccoli pezzi; sminuzzare, tagliare) 5. a (stendere uniformemente su una superficie) 6. c (eliminare l'acqua di cottura).

6. Scegliete la definizione giusta.

1. Il tagliere è:
   a. un coltello ben affilato a doppia lama ☐
   b. un blocco di legno su cui si taglia ☐
   c. un tipo di forbici da cucina ☐

2. La ciotola ha la forma di:
   a. un vaso allungato ☐
   b. una tazza senza manici ☐
   c. un piatto fondo; una scodella ☐

3. Il panno è fatto di:
   a. stoffa ☐
   b. legno ☐
   c. metallo ☐

4. Il colino si usa per:
   a. lessare le verdure ☐
   b. schiacciare le patate ☐
   c. separare gli alimenti dall'acqua ☐

5. Il mestolo serve per:
   a. girare quello che cuoce in pentola ☐
   b. montare la panna ☐
   c. sbattere le uova ☐

6. Il passaverdura si usa per:
   a. fare la pomarola ☐
   b. rosolare la pancetta ☐
   c. grattugiare il Parmigiano ☐

Chiavi:

1. b (un blocco di legno su cui si taglia) 2. b (una tazza senza manici) 3. a (stoffa) 4. c (separare gli alimenti dall'acqua) 5. a (girare quello che cuoce in pentola) 6. a (fare la pomarola).

7. Scegliete la definizione giusta.

1. Il limone è:
   - a. un agrume ☐
   - b. una verdura ☐
   - c. un legume ☐

2. La buccia è:
   - a. la parte esterna dell'uovo ☐
   - b. il gambo dei carciofi ☐
   - c. la parte esterna della frutta ☐

3. L'aglio si divide in:
   - a. pezzi ☐
   - b. sezioni ☐
   - c. spicchi ☐

4. Il nocciolo si trova:
   - a. nelle noci ☐
   - b. nelle pesche ☐
   - c. nelle mele ☐

5. Il prezzemolo è:
   - a. un tipo di insalata ☐
   - b. un'erba aromatica ☐
   - c. la foglia di un albero ☐

6. La pancetta è:
   - a. carne di manzo ☐
   - b. carne di maiale ☐
   - c. carne di tacchino ☐

Chiavi:

1. a (un agrume) 2. c (la parte esterna della frutta) 3. c (spicchi) 4. b (nelle pesche) 5. b (un'erba aromatica) 6. b (carne di maiale).

8. Scegliete la definizione giusta.

1. Macinare:

   a. lavorare con le mani ☐
   b. tagliare a strisce ☐
   c. ridurre in piccolissimi pezzi ☐

2. Inzuppare:

   a. asciugare ☐
   b. intingere ☐
   c. cospargere ☐

3. Mantecare:

   a. cuocere nel burro ☐
   b. condire l'insalata ☐
   c. amalgamare sostanze grasse ☐

4. Pelare:

   a. sbucciare ☐
   b. mettere il pepe ☐
   c. tagliare ☐

5. Annaffiare:

   a. asciugare ☐
   b. bagnare ☐
   c. togliere ☐

6. Assaggiare:

   a. gustare ☐
   b. offrire ☐
   c. preparare ☐

Chiavi:

1. c (ridurre in piccolissimi pezzi) 2. b (intingere) 3. c (amalgamare sostanze grasse) 4. a (sbucciare) 5. b (bagnare) 6. a (gustare).

9. Trovate di ciascuna parola del gruppo A il suo significato nel gruppo B.

A → B

GRUPPO A	GRUPPO B
1. **Evaporare**	**I.** Far passare un liquido attraverso un colino o un panno.
2. **Disporre**	**II**. Ridurre in pezzi piccolissimi con la grattugia; grattare.
3. **Filtrare**	**III.** Diventare vapore; svaporare; volatilizzarsi.
4. **Grattugiare**	**IV.** Mettere qualcosa interamente in acqua; affondare.
5. **Immergere**	**V.** Cuocere un alimento nell'acqua bollente.
6. **Lessare**	**VI.** Mettere in ordine; collocare; sistemare.

Chiavi:

*1. → III. (**evaporare**: diventare vapore; svaporare; volatilizzarsi) 2. → VI. (**disporre**: mettere in ordine; collocare; sistemare) 3. → I. (**filtrare**: far passare un liquido attraverso un colino o un panno) 4. → II. (**grattugiare**: fare in pezzi piccolissimi con la grattugia; grattare) 5. → IV. (**immergere**: mettere qualcosa interamente in acqua; affondare) 6. → V. (**lessare**: cuocere un alimento in acqua bollente).*

10. Componete una frase di senso compiuto con le parole seguenti:

all'uovo; cotta; è; fresca; in; La; pasta; quando; sale; superficie.

....

Chiavi:

La pasta fresca all'uovo è cotta quando sale in superficie.

11. Componete una frase di senso compiuto con le parole seguenti:

abbondante; acqua; bollente; cuoce; di; duro; grano; in; La; pasta; salata; si.

....

Chiavi:

La pasta di grano duro si cuoce in abbondante acqua bollente salata.

12. Completate la frase con le parole seguenti:

legno; aggiungete; con; di; e; girate; il; cipolla; la; mestolo.

Riscaldate due cucchiai di olio extra vergine d'oliva in un tegame per due minuti, poi ...

....

Chiavi:

... aggiungete la cipolla e girate con il mestolo di legno.

Capitolo 2

Gli gnocchi, il riso e le minestre

1. Completate il brano con le parole seguenti:

brodo; burro; cottura; cucchiaino; cuocendo; dadi; evaporare; fette; fuoco; imbrunita; mestolo; prendete; quantità; riso; sciogliere; unite; vino; zafferano.

«Prendete il pentolino e preparate un litro di (1) .... vegetale con due (2) ....
Mentre si forma il brodo, (3) .... la padella e mettetela sul (4) .... con dentro 70 grammi di (5) ....; fate sciogliere il burro e (6) .... la cipolla tagliata a (7) .... Quando la cipolla è (8) ...., aggiungete un bicchiere di (9) .... bianco secco e fatelo (10) ....
A questo punto prendete il (11) .... nella padella e iniziate la (12) ...., girando continuamente il riso con il (13) .... e aggiungendo ogni tanto piccole (14) .... di brodo.
Mentre il riso sta (15) .... nella padella grande, prendete lo zafferano e fatelo (16) .... in un bicchiere d'acqua, aggiungendo un (17) .... di sale.
Portate a termine la (18) .... del riso, sempre aggiungendo del brodo, e alla fine unite lo (19) .... e girate con il mestolo.»

Chiavi:

(1) brodo (2) dadi (3) padella (4) fuoco (5) burro (6) unite (7) fette (8) imbrunita (9) vino (10) evaporare (11) riso (12) cottura (13) mestolo (14) quantità (15) cuocendo (16) sciogliere (17) cucchiaino (18) cottura (19) zafferano.

2. Completate il brano con le parole seguenti:

cotto; dente; etichetta; minestre; preparazione; prodotto; regioni; resiste; risotti; scuoce; sorprese; tipi; usato.

«Il riso viene (1) .... in prevalenza nelle (2) .... del Nord dell'Italia, dove viene anche (3) .... in grande quantità. Esistono vari (4) .... di riso, specifici per ogni tipo di (5) .... ad esempio il *Vialone* e l'*Arborio* si usano per i (6) ....; il *Maratelli* e il *Rizzotto* sono indicati per le (7) .... in brodo; l'*RB* e il *Razza 77* per il riso pilaf, cioè (8) .... in forno. Per evitare (9) .... consiglio di usare sempre un riso che non (10) ...., cioè resta "duro", al (11) ....: guardate quindi sempre l'(12) .... e scegliete il riso che (13) .... di più alla cottura.»

Chiavi:

(1) usato (2) regioni (3) prodotto (4) tipi (5) preparazione (6) risotti (7) minestre (8) cotto (9) sorprese (10) scuoce (11) dente (12) etichetta (13) resiste.

3. Completate il brano con le parole seguenti:

appetitosa; consistenza; cucina; famosi; farina; gratinatura; lessate; semolino; verdura; zucca.

«Gli gnocchi più in uso nella (1) .... italiana sono quelli a base di (2) ...., che sono senza dubbio anche i più (3) .... Le verdure (spinaci, erbette, (4) ...., carote, ecc...) vengono (5) ...., frullate e mescolate con (6) ...., uova, formaggio e altri ingredienti, che danno (7) .... al composto.
Esistono anche gli gnocchi al (8) ...., più raffinati e che richiedono la (9) .... in forno.
Ma gli gnocchi più (10) .... sono quelli di patate.»

Chiavi:

(1) cucina (2) verdura (3) appetitosi (4) zucca (5) lessate (6) farina (7) consistenza (8) semolino (9) gratinatura (10) famosi.

4. Completate il brano con le parole seguenti:

amate; basilico; cipolle; estate; passati; peperoni; preparate; raccogliere; soffritto; verza; zuppe.

«Le minestre una volta venivano (1) .... con le verdure dell'orto, che in (2) .... offriva prodotti come il (3) ...., i pomodori, il prezzemolo, le carote, le (4) ...., gli zucchini, le melanzane, i (5) .... e vari tipi di insalate; in inverno, invece, si potevano (6) .... il cavolo nero, il cavolfiore, i porri, la (7) ...., ecc...
Le minestre più (8) .... da Maurizio sono quelle con (9) .... di cipolla o aglio, (10) .... di pane, zuppe con (11) .... di ceci e fagioli.»

Chiavi:

(1) preparate (2) estate (3) basilico (4) cipolle (5) peperoni (6) raccogliere (7) verza (8) amate (9) soffritto (10) zuppe (11) passati.

5. Completate il brano con le parole seguenti:

acqua; bollire; cuociono; galla; granelli; parmigiano; pronti; salvia; sciogliere; scolateli; servite.

«Fate (1) .... l'acqua per gli gnocchi, ricordate che gli gnocchi (2) .... di solito in soli 5 minuti, e comunque sono (3) .... quando vengono a (4) .... Mentre gli gnocchi sono nell' (5) .... bollente, fate (6) .... il burro nella padella insieme alla (7) ....
Appena gli gnocchi sono cotti, (8) .... e metteteli nella padella con il (9) .... Fate saltare il tutto e (10) ...., decorando il piatto con i (11) .... di pepe verde.»

Chiavi:

(1) bollire (2) cuociono (3) pronti (4) galla (5) acqua (6) sciogliere (7) salvia (8) scolateli (9) parmigiano (10) servite (11) granelli.

6. Completate il brano con le parole seguenti:

aromi; asciugatela; basso; cottura, dorato; filo; finché; insaporire; olio; pentola; preparate; purè; rametto; ricette; scaldare; scatola; servite; spolverata; tritato; tutto; versate.

«Prendete la salvia, lavatela e (1) ....; poi sbucciate l'aglio e (2) .... il rosmarino, togliendo gli aghi dal (3) ....
Ora prendete la (4) ...., mettetela sul fuoco (5) ...., versateci mezzo bicchiere di (6) .... extra vergine d'oliva, fatelo (7) .... e aggiungeteci il rosmarino, l'aglio, il peperoncino (8) .... e la salvia.
Girate tutto con il mestolo di legno, per (9) .... l'olio; dopo 10 minuti, quando l'aglio è ben (10) ...., togliete la pentola dal fuoco e togliete anche tutti gli (11) ....
Nella pentola con l'olio insaporito (12) .... i fagioli con il loro liquido di (13) .... (potete usare anche fagioli in (14) ....) aggiungete la pasta e fate cuocere il (15) ....
a fuoco medio, (16) .... la pasta è cotta.
Raggiunta la cottura, (17) .... la minestra nel piatto con un (18) .... d'olio crudo e una (19) .... di pepe nero.
In alcune (20) .... i fagioli vengono "passati", cioè viene fatto un (21) ...., ma Maurizio li preferisce interi.»

Chiavi:

(1) asciugatela (2) preparate (3) rametto (4) pentola (5) basso (6) olio (7) scaldare (8) tritato (9) insaporire (10) dorato (11) aromi (12) versate (13) cottura (14) scatola (15) tutto (16) finché (17) servite (18) filo (19) spolverata (20) ricette (21) purè.

7. Scegliete la parola giusta.

(Ricetta della pappa al pomodoro)

1. Spezzate in pezzi non troppo grossi il pane .... e immergetelo nel brodo.

   a. antico ☐
   b. raffermo ☐
   c. anziano ☐

2. In una pentola media mettete sei cucchiai di olio extra vergine d'oliva e .... d'aglio sbucciati interi.

   a. le fette ☐
   b. i segmenti ☐
   c. gli spicchi ☐

3. Salate il tutto a .... e mescolate per 10 minuti.

   a. piacere ☐
   b. gusto ☐
   c. volontà ☐

4. A questo punto, aggiungete .... di basilico e i pomodori maturi.

   a. le radici ☐
   b. i rami ☐
   c. le foglie ☐

5. Servite nelle classiche ciotole di terracotta toscane, con sopra un .... di olio extra vergine d'oliva.

   a. filo ☐
   b. fiato ☐
   c. vaso ☐

Chiavi:

1. b (raffermo) 2. c (gli spicchi) 3. a (piacere) 4. c (le foglie) 5. a (filo).

Capitolo 3
La carne

1. Completate il brano con le parole seguenti:

arrotolate; battete; bicchiere; caldo; circa; cucchiai; evaporare; fette; forchettone; padella; prosciutto; saltimbocca; sottili; stuzzicadenti.

«Prendete il tagliere, disponetevi sopra le (1) .... di vitella e con il batticarne (2) .... le fette, per farle diventare più (3) ....; metteteci sopra una fetta di (4) .... e una foglia di salvia; (5) .... e fermate con uno stuzzicadenti. Ecco fatti i saltimbocca!
Ora scaldate cinque (6) .... di olio extra vergine d'oliva nella (7) .... e metteteci i (8) ....; cuoceteli a fuoco basso per (9) .... 10 minuti, girandoli con un (10) ...., quindi versateci mezzo (11) .... di vino bianco e fate (12) ...., aggiungendo del sale e del pepe.
Questo piatto deve essere servito ben (13) ...., nella sua salsa di cottura.
Maurizio consiglia di togliere gli (14) .... prima di servire.

Chiavi:

(1) fette (2) battete (3) sottili (4) prosciutto (5) arrotolate (6) cucchiai (7) padella (8) saltimbocca (9) circa (10) forchettone (11) bicchiere (12) evaporare (13) caldo (14) stuzzicadenti.

2. Completate il brano con le parole seguenti:

carne; coltello; esalta; fette; giovani; gradi; mescolato; mezzo; osso; patate; piatto; pietanza; spicchi; teglia; vergine.

«Prendete l'arista, bucatela in più parti con il (1) .... e infilate nei buchi sei (2) .... d'aglio, un cucchiaio di sale e (3) .... di pepe nero che avete precedentemente (4) .... in una terrina.
Finita questa operazione, steccate la (5) .... con i rametti di rosmarino e mettetela in una (6) .... con sale, pepe e sei cucchiai di olio extra (7) .... d'oliva. Cuocete in forno a 200 (8) .... per circa 40 minuti; quando la carne è cotta, togliete l'(9) .... e servite l'arista tagliata a (10) ....
Con questo (11) .... Maurizio consiglia di bere dei vini rossi (12) ...., mentre il contorno migliore, quello che (13) .... maggiormente questa (14) .... ricca di gusto, sono senza dubbio le (15) .... arrosto.»

Chiavi:

(1) coltello (2) spicchi (3) mezzo (4) mescolato (5) carne (6) teglia (7) vergine (8) gradi (9) osso (10) fette (11) piatto (12) giovani (13) esalta (14) pietanza (15) patate.

3. Scegliete la parola giusta.

(Ricetta delle scaloppine al marsala)

1. Mettete tre cucchiai di farina in un piatto e .... le fettine di carne.

   a. imbiancate ☐
   b. infarinate ☐
   c. asciugate ☐

2. Mettete in una padella il burro e fatelo ...., scaldando a fuoco lento.

   a. evaporare ☐
   b. addensare ☐
   c. spumeggiare ☐

3. Togliete la carne dalla padella e aggiungete il marsala al .... di cottura.

   a. resto ☐
   b. fondo ☐
   c. fumo ☐

4. Fate .... questa salsa per circa otto minuti e quindi versatela sulla carne.

   a. arrostire ☐
   b. restringere ☐
   c. congelare ☐

5. Coprite il tutto con il prezzemolo .... e servite ben caldo.

   a. grattugiato ☐
   b. macinato ☐
   c. tritato ☐

Chiavi:

1. b (infarinate) 2. c (spumeggiare) 3. b (fondo) 4. b (restringere) 5. c (tritato).

4. Scegliete la parola giusta.

(Ricetta delle salsicce e fagioli all'uccelletto)

1. Prendete le salsicce e .... con la forchetta.

   a. bucatele ☐
   b. tagliatele ☐
   c. cuocetele ☐

2. Quando l'olio è caldo, metteteci l'aglio e fatelo .... con la salvia.

   a. rosolare ☐
   b. tostare ☐
   c. arrostire ☐

3. Se la pietanza è pallida, potete mettere un po' di .... di pomodoro.

   a. concentrato ☐
   b. buccia ☐
   c. foglie ☐

4. Quando cuocete le salsicce sulla griglia, coprite il .... del forno con dei fogli d'alluminio.

   a. secchio ☐
   b. piatto ☐
   c. vassoio ☐

5. Questo è un piatto della cucina .... toscana.

   a. contadina ☐
   b. tradizionale ☐
   c. agrituristica ☐

Chiavi:

1. a (bucatele) 2. a (rosolare) 3. a (concentrato) 4. c (vassoio) 5. a (contadina).

Capitolo 4
Il pesce

1. Completate il brano con le parole seguenti:

aglio; bollente; bollire; casalingo; casseruola; cuocere; fate; fette; pelati; pesci; qualche; secco; seppie; servite; spicchio; tostate; tritate.

«Prendete il tagliere e con il coltello (1) .... gli spicchi d'aglio; poi prendete la (2) .... e fate soffriggere, nell'olio extra vergine d'oliva, l'(3) .... e il peperoncino tritato; quindi aggiungete le (4) ...., i polpi e i totani e fate (5) .... a fuoco basso. Dopo (6) .... minuto, spruzzate del vino bianco (7) ...., lasciatelo evaporare e mettete i pomodori (8) ....
Salate, pepate e fate (9) .... il tutto per 10 minuti.
A questo punto aggiungete gli altri (10) .... e il prezzemolo tritato e (11) .... cuocere per 25/30 minuti.
Mentre il pesce cuoce, (12) .... in forno delle fette di pane (13) .... e sfregateci sopra uno (14) .... d'aglio; disponete queste (15) .... nei piatti.
Versate la zuppa di pesce (16) .... sopra le fette di pane e (17) .... immediatamente.»

Chiavi:

(1) tritate (2) casseruola (3) olio (4) seppie (5) cuocere (6) qualche (7) secco (8) pelati (9) bollire (10) pesci (11) fate (12) tostate (13) casalingo (14) spicchio (15) fette (16) bollente (17) servite.

2. Componete una frase di senso compiuto con le parole seguenti:

baccalà; dividetelo; e; il; in; pezzi; piccoli; Prendete; spellatelo.

....

Chiavi:

Prendete il baccalà, spellatelo e dividetelo in piccoli pezzi.

3. Componete una frase di senso compiuto con le parole seguenti:

bagnate; bianco; bicchiere; con; di; Fate; il; minuto; per; poi; qualche; rosolare; tutto; un; vino.

....

Chiavi:

Fate rosolare il tutto per qualche minuto, poi bagnate con un bicchiere di vino bianco.

4. Componete una frase di senso compiuto con le parole seguenti:

bianco; del; e; evaporare; i; lasciatelo; mettete; pelati; pomodori; secco; Spruzzate; vino.

....

Chiavi:

Spruzzate del vino bianco secco, lasciatelo evaporare e mettete i pomodori pelati.

Capitolo 5

Le verdure

1. Completate il brano con le parole seguenti:

composto; contengono; cucchiaio; decorando; estate; fargli; frizzanti; gustoso; mescolate; polpa; preparato; rovesciati; salsa; tagliateli.

«Prendete i pomodori e (1) .... a metà; vuotateli con il (2) .... e salateli all'interno; quindi teneteli (3) .... per circa 20 minuti, per (4) .... perdere tutta l'acqua che ancora (5) ....
Prendete una ciotola e fate un (6) .... con il tonno, i capperi, la (7) .... che avete tolto dai pomodori, il prezzemolo e (8) .... il tutto con la maionese.
Riempite i pomodori con questa (9) .... fredda e ultimate il piatto, (10) .... con un po' di maionese e le olive.
Avete così (11) .... in pochi minuti un piatto unico semplice e (12) ...., che in genere si serve in (13) .... preferibilmente con vini bianchi (14) ...., come il *Prosecco di Conegliano* o l'*Asprigno di Aversa*.»

Chiavi:

(1) tagliateli (2) cucchiaio (3) rovesciati (4) fargli (5) contengono (6) composto (7) polpa (8) mescolate (9) salsa (10) decorando (11) preparato (12) gustoso (13) estate (14) frizzanti.

Capitolo 6
La pizza

1. Completate il brano con le parole seguenti:

acqua; assorbita; centimetro; croce; forchetta; imburrata; impastare; lavorate; lavorazione; lievitare; lievito; luogo; mani; matterello; morbida; sciolto; taglio; tiepida; tovagliolo; vulcano; zuppiera.

«Mettete la farina in una (1) .... con un po' di sale. Sciogliete il (2) .... di birra in mezzo bicchiere di acqua (3) ....; disponete la farina a (4) .... e versate nel centro l'acqua in cui avete (5) .... il lievito. Con l'aiuto della (6) ...., iniziate a (7) .... la farina fino a quando l'acqua non è completamente (8) .... Se necessario, aggiungete altra (9) .... tiepida poco alla volta. Iniziate poi la (10) .... della pasta con le (11) .... fino a ottenere una palla di pasta (12) ....
A questo punto fate un (13) .... a croce sulla palla.
Coprite la zuppiera con un (14) .... e lasciate riposare in un (15) .... tiepido per almeno un'ora.
La pasta deve (16) ...., cioè crescere; durante la lievitazione il taglio a (17) .... che avete fatto si apre. A lievitazione avvenuta, (18) .... ancora un po' la pasta e stendetela con un (19) .... fino a uno spessore di circa mezzo (20) .... Adagiatela su una teglia (21) .... e conditela come più vi piace.»

Chiavi:

(1) zuppiera (2) lievito (3) tiepida (4) vulcano (5) sciolto (6) forchetta (7) impastare (8) assorbita (9) acqua (10) lavorazione (11) mani (12) morbida (13) taglio (14) tovagliolo (15) luogo (16) lievitare (17) croce (18) lavorate (19) matterello (20) centimetro (21) imburrata.

Capitolo 7

I dolci

1. Completate il brano con le parole seguenti:

albumi; amalgamati; biscotti; caffè; ciotola; colino; crema; immergeteci; montate; operazione; spolverate; spumeggiante; strato; tuorlo; uova; zucchero.

«Prendete le (1) ...., apritele e mettete l'albume in una ciotola e il (2) .... nell'altra. Nella (3) .... con il tuorlo, metteteci quattro cucchiai di (4) .... e montate il tutto fino a farlo diventare un po' (5) ....; quindi aggiungete il mascarpone e (6) .... ancora con il mestolo di legno, fino a ottenere una (7) .... A questo punto, nell'altra ciotola montate gli (8) ...., a neve e uniteli alla crema, facendo in modo che il tutto si (9) .... bene. Versate il (10) .... freddo in una scodella e (11) .... i biscotti per pochi secondi. Fate un letto di (12) .... sul fondo di una pirofila e stendeteci sopra uno (13) .... di crema; ripetete la stessa (14) .... due o tre volte. Alla fine, (15) .... il cacao aiutandovi con il (16) ....»

Chiavi:

(1) uova (2) tuorlo (3) ciotola (4) zucchero (5) spumeggiante (6) montate (7) crema (8) albumi (9) amalgami (10) caffè (11) immergeteci (12) biscotti (13) strato (14) operazione (15) spolverate (16) colino.

2. Componete una frase di senso compiuto con le parole seguenti:

biscotti; caffè; e; freddo; i; il; immergeteci; in; per; pochi; scodella; una; Versate.

....

Chiavi:

Versate il caffè freddo in una scodella e immergeteci i biscotti per pochi secondi.

I verbi della cucina

Associate a ciascun verbo del gruppo A il sinonimo del gruppo B.

A → B

Gruppo A	Gruppo B
1. **Abbinare**	I. **Assaggiare**
2. **Adagiare**	II. **Filtrare**
3. **Annaffiare**	III. **Bucare**
4. **Arricchire**	IV. **Avvolgere**
5. **Arrotolare**	V. **Abbellire**
6. **Gustare**	VI. **Associare**
7. **Forare**	VII. **Bagnare**
8. **Colare**	VIII. **Stendere**

Chiavi:

1. → VI. (abbinare – associare) 2. → VIII. (adagiare – stendere) 3. → VII. (annaffiare – bagnare) 4. → V. (arricchire – abbellire) 5. → IV. (arrotolare – avvolgere) 6. → I. (gustare – assaggiare) 7. → III. (forare – bucare) 8. → II. (colare – filtrare).

Le parole della cucina

Associate a ciascuna parola del gruppo A il sinonimo del gruppo B.

A → B

Gruppo A	Gruppo B
1. **Esigenza**	I. **Cartellino**
2. **Etichetta**	II. **Chicco**
3. **Fattoria**	III. **Lardo**
4. **Fetta**	IV. **Panna**
5. **Grasso**	V. **Piano**
6. **Grano**	VI. **Bisogno**
7. **Crema**	VII. **Podere**
8. **Strato**	VIII. **Porzione**

Chiavi:

1. → VI. (esigenza – bisogno) 2. → I. (etichetta – cartellino) 3. → VII (fattoria – podere) 4. → VIII (fetta – porzione) 5. → II. (grano – chicco) 6. → III. (grasso – lardo) 7. → IV. (crema – panna) 8. → V. (strato – piano).

Dizionario
della cucina italiana

Italiano

English - Français - Deutsch - Español

A

Acciughe: anchovies; anchois; Sardellen; anchoillas. **Aceto:** vinegar; vinaigre; Essig; vinagre. **Acqua:** water; eau; Wasser; agua. **Affettato misto:** cold cuts; assiette de charcuterie; gemischter Auschnitt; embutidos mixtos. **Aglio:** garlic; aïl; Knoblauch; ajo. **Agnello:** lamb; agneau; Lamm; cordero. **Agnello:** lamb; agneau; Lamm; cordero. **Agrumi:** citrus fruits; agrumes; Zitrusfrüchte; cítricos. **Albicocca:** apricot; abricot; Aprikose; albaricoque. **Albume (dell'uovo):** egg white; blanc d'oeuf; Eiweiss; clara de huevo. **Alloro:** bay leaf; laurier; Lorbeer; laurel. **Amarene:** kentish cherries, morellos; griottes; Sauerkirschen, Amarellen; guindas garrafales. **Amaro (liquore):** bitter liqueur; amer; Magenbitter; licor amargo. **Analcolico (bevanda analcolica):** non-alcoholic drink; boisson sans alcool; alkoholfreies Getränk; bebida sin alcohol. **Ananas:** pineapple; ananas; Ananas; piña. **Anguilla:** eel; anguille; Aal; anguila. **Anice:** aniseed; anis; Anis; anís. **Antipasto:** hors d'hoeuvre; hors-d'oeuvre; Vorspeise; entremés. **Apparecchiare:** to set the table; mettre le couvert; den Tisch decken; poner la mesa. **Apriscatole:** tin opener, can opener; ouvre-boîte; Dosenöffener; abrelatas. **Arachidi:** peanuts; cacahuètes; Erdnüsse; cacahuetes. **Aragosta:** spiny-lobster; langouste; Languste; langosta. **Arancia:** orange; orange; Orange, Apfelsine; naranja. **Aranciata:** orangeade; orangeade; Orangenlimonade; refresco de naranja. **Aringhe:** herrings; harengs; Heringe; arenques. **Arista:** roast pork loin; carré de porc rôti; Schweinskarree; lomo d ecerdo asado. **Arrosto:** roast; rôti; Braten; asado. **Asiago:** cow's cheese from Veneto; fromage de vache de Vénétie; Kuhmilch-Kase aus Venetien; queso de vaca de la región Véneta. **Asparagi:** asparagus; asperges; Spargel; espárragos. **Assaggiare:** to taste; goûter; kosten, probieren; degustar. **Assaggio:** taste; dégustation; Kostprobe; degustación. **Astice:** lobster; homard; Hummer; bogavante.

B

Baccalà: salt cod; morue; in Salz konservierter Dorsch; bacalao. **Bacinella:** basin; cuvette; Becken; palangana. **Banana:** banana; banane;

Banane; plátano. **Barbabietole:** beetroots; betteraves; rote Beten; remolachas. **Basilico:** basil; basilic; Basilikum; albahaca. **Batticarne:** meatpounder; pilon à viande; Fleischklopfer; aplastador de carne. **Bevanda:** drink; boisson; Getränk; bebida. **Bibita:** soft drink; boisson; alkoholfreies Getränk; bebida, refresco. **Bicchiere:** glass; verre; Glas; vaso, copa. **Bietole:** swiss chard; bettes; Mangold; acelgas. **Bigné:** profiteroles; choux; Windbeutel; lionesas. **Bilancia:** scale; balance; Waage; balanza. **Birra:** beer; bière; Bier; cerveza. **Biscotti:** biscuits; biscuits; Gebäk, Kekse, Plätzchen; galletas, bizcochos. **Bistecca:** steak; steak; Beefsteak; bistec. **Bollente:** hot; boillant, brûlant; kochend, heiss; muy caliente, hirviendo. **Bollito misto:** mixed boiled meats; viandes bouillies; gemischtes Siedfleisch; cocido mixto. **Bombolone alla crema:** doughnut with custard filling; beignet farci à la crème; Krapfen mit Cremefüllung; buñuelo de crema. **Bottiglia:** bottle; bouteille; Flasche; botella. **Braciola:** cutlet; côte; Kotelett; chuleta. **Branzino:** bass, sea bass; bar, loup; Seebarsch; lubina. **Brasato di manzo:** braised beef; boeuf braisé; Rinderschmorbraten; carne de vaca braseada. **Bresaola:** dry-salted beef; viande sèche des Grisons; bündner Fleisch; cecina curada de vaca. **Brioche:** brioche; brioche; Brioche; cruasán. **Broccoli:** broccoli; brocolis; Brokkoli; brócoles. **Bruschetta:** toast with garlic and olive oil; pain grillé à l'aïl et à l'huile d'olive; geröstete Brotschiebe mit Knoblauch und Olivenöl. **Bucatini:** hollow spaghetti; spaghettis percés; hohle Spaghetti; espaguetis huecos. **Buccia:** peel, rind; peau, écorce; Schale, Rinde; pellejo, corteza. **Budino:** pudding; crème renversée; Pudding; pudin. **Burro:** butter; beurre; Butter; mantequilla, manteca.

C

Cacao: cocoa; cacao; Kakao; cacao. **Caciocavallo:** kneaded-paste cheese fron Southern Italy; fromage à pâte filée de l'Italie du Sud; süditalienischer Käse der Fäden zieht; queso de textura filamentosa del Sur de Italia. **Caciotta:** mild and soft cheese; fromage doux et moelleux; milder Weichkäse; queso dulce y blando. **Caco:** persimmon; kaki; Kaki; caqui. **Caffè:** coffee; café; Kaffee; café. **Caffellatte:** cofee with milk; café au lait; Milchkaffee; café con leche. **Caffettiera:** cofee pot; cafetière; Kaffeekanne; cafetera. **Calamari:** squids; calmars; Tintenfische, Calamari; calamares. **Caldo:** warm; chaud; Warm; caliente. **Camomilla:** camomila tea; camomille; Kamillentee; manzanilla. **Cannella:** cinnamon; cannelle; Zimt; canela. **Cannelloni:** filled and baked pasta rolls; rouleaux de pâte fraîche farcis au four; gefüllte Nudelrolle überbacken; rollitos de pasta fresca rellenos al horno. **Cannolicchi:** razor-shells, razor-clams; couteaux; Messerscheiden; navajas. **Cannolo:** puff-pastry cornet with custard filling; sacristain; kleines kegelförmiges Blätterteiggebäck mit Cremefüllung; canuto con crema. **Cantina:** wine-cellar; cave; Weinkeller; bodega. **Cantuccini:** dry biscuits with almonds; biscuits croquants aux amandes; trockenes Gebäck mit Mandeln; bizcochos secos con almendras. **Capitone:** large female eel; grande anguille; grosser weiblicher Aal; capitón. **Capperi:** capers; câpres; Kapern; alcaparras. **Caprino:** fresh goat's cheese; chèvre frais; frischer Ziegenkäse; queso fresco de cabra. **Carciofi:** artichokes; artichauts; Artischocken; alcachofas. **Carne macinata:** minced meat; viande hachée; Hackfleisch; carne molida. **Carote:** carrots; carottes; Karotten, Möhren; zanahorias. **Carta assorbente:** blotting paper; papier buvard; Löschpapier; papel secante. **Cassata:** layers of ice cream with a heart of candied fruit and cream; glace aux fruits confits et à la crème; Schichteis mit kandierten Früchten und Sahne; helado a capas relleno con fruta confitada y nata. **Casseruola:** saucepan, casserole; casserola; Schmortopf, Kasserolle; cazuela. **Castagnaccio:** chestnut-flour cake; galette de farine de châtaignes; Kuchen aus Kastanienmehl; dulce de harina de castañas. **Castagne:** chesnuts; châtaignes; Kastanien; castañas. **Cavatappi:** corkscrew; tire-bouchon; Korkenzieher; sacacorchos. **Caviale:** caviar; caviar; Kaviar; caviar. **Cavolfiori:** cauliflowers; choux-fleurs; Blumenkohl; coliflores. **Cavolini di Bruxelles:** Brussel sprouts; choux de Bruxelles; Rosenkohl; coles de Bruselas. **Cavolo:** cabbage; chou; Kohl; col. **Ceci:** chick peas; pois chiches; Kichererbsen; garbanzos. **Cedro:** citron; cédrat; Zitronat; cidra. **Cena:** dinner; dîner; Abendessen; cena. **Cenci:** light and crumbly fried dough ribbons; gâteaux de carnaval frits et légers; fritiertes Karnevalsgebäck sehr fein und mürbe; dulces de carnaval fritos delgaditos y friables. **Cereali:** cereals; céréales; Getreide, Körner; cereales. **Cernia:** grouper; mérou; Barsch; mero. **Cervella:** brains; cervelle; Hirn; sesos. **Cetrioli:** cucumbers; concombres; Gurken; pepinos. **Chiacchiere → Cenci.** **Chiodi di garofano:** cloves; clous de girofle; Nelken; clavos. **Cicoria:** chicory; chicorée; Zichorie; achicoria. **Ciliege:** cherries; cerises; Kirschen; cerezas. **Cime di rapa:** turnip tops; pousses de navet; Rübensprossen; flores y hoias de nabo. **Cinghiale:** boar; sanglier; Wildschwein; jabalí. **Cioccola-**

ta: chocolate; chocolat; Kakao; chocolate. **Cioccolato fondente:** pure chocolate; chocolat fondant; Schmelzschokolade; Kuvertüre. **Ciotola:** bowl; bol; Schälchen, Napf; tazón. **Cipolla:** onion; oignon; Zwiebel; cebolla. **Cocomero:** water-melon; pastèque; Wassermelone; sandía. **Colapasta:** colander; Égouttoir; Sieb; colador de pasta. **Colazione (prima colazione):** breakfast; petit-déjeuner; Frühstück; desayuno. **Colino:** strainer; chinois; Teesieb; colador. **Colomba:** leavened cake; gâteau levé; Hefeteigkuchen; dulce de pasta leudada. **Coltello:** knife; couteau; Messer; cuchillo. **Concentrato di pomodoro:** tomato paste; concentré de tomate; Tomatenmark; concentrado de tomate. **Confetti:** sugar-coated sweets; dragées; Dragées; confites. **Coniglio:** rabbit; lapin; Kaninchen; conejo. **Coperchio:** lid, cover; couvercle; Deckel; tapa. **Cornetto:** croissant; croissant; Hörnchen, Croissant; medialuna, cruasán. **Costola di sedano:** celery stalk; branche de céleri; Staudensellerie; tallo de apio. **Cotechino:** boiled salami; saucisson bouilli; Kochsalami; salchichón cocido. **Cotoletta alla milanese:** breaded veal chop; côtolette de veau panée; wiener Schnitzel; chuletilla de ternera empanada. **Cozze:** mussels; moules; Miesmuscheln; mejillones. **Crema:** cream, custard; crème; Creme; crema. **Crescenza:** very soft and fresh cheese; fromage frais et coulant; sehr weicher Frischkäse; queso fresco muy blando. **Crespelle al formaggio:** cheese crêpes; crêpe au fromage; Crêpes mit Käsefüllung; crepes de queso. **Crostacei:** crustaceans; crustacés; Krustentiere; crustáceos. **Crostata:** tart; tarte; Mürbeteigkuchen; tarta. **Crostino:** canapé, toast; croûte; Röstbrot; tostadita, crostón. **Crusca:** bran; son; Kieie; salvado. **Cucchiaino (da caffè):** coffee spoon; cuillère à café; Kaffeelöffel; cucharilla de café. **Cucchiaio:** spoon; cuillère, cuiller; Löffel; cuchara. **Cucina:** kitchen; cuisine; Küche; cocina. **Cumino:** cumin seeds; cumin; Kümmel; comino.

D

Dado: stock cube; bouillon cube; Brühwürfel; avecrem. **Datteri di mare:** date-shells; dattes de mer; Meerdatteln; dátiles de mar. **Dentice:** dentex; dentex; Zahnbrasse; dentón. **Dieta:** diet; régime; Diät; dieta. **Digestivo:** liqueur; digestif; Verdauungslikör; digestivo. **Dispensa:** larder; office;

Speisekammer; despensa. **Dolce:** cake, dessert; gâteau; Süssspeise; Torte; dulce. **Dragoncello:** tarragon; estragon; Estragon; estragón.

E

Erbe aromatiche: aromatic herbs; fines herbes; Gewürzkräuter; hierbas aromáticas. **Estratto di carne:** meat extract; extrait de viande; Fleischextrakt; extracto de carne.

F

Fagioli: beans; haricots; rote Bohnen; alubias, judías. **Fagiolini:** french beans, green beans; haricots verts; grüne Bohnen; judías verdes. **Farina:** flour; farine; Mehl; harina. **Fave:** broad beans; fèves; Saubohnen; habas. **Fegato alla veneziana:** liver with onions; foie aux oignons; Leber mit Zwiebeln; hígado con cebollas. **Fegato:** liver; foie; Leber; hígado. **Fetta:** slice; tranche; Scheibe; loncha, rodaja. **Fettina di vitello:** veal escalope; escalope de veau; Kalbsschnitzel; filete de ternera. **Fettunta → Bruschetta. Fiammiferi:** matches; allumettes; Streichhölzer; cerillas, fósforos. **Fichi:** figs; figues; Feigen; higos. **Filetto:** fillet; filet; Filet; solomillo. **Finocchi:** fennel; fenouils; Fenchel; hinojos. **Fiori di zucca:** courgette flowers; fleurs de courgettes; Zucchiniblüten; flores de calabacines. **Focaccia:** flavoured flat bread; fouace, fougasse; Fladenbrot; hogaza. **Fontina:** soft cheese from Aosta Valley with strong flavour and aroma; fromage valdôtain moelleux au goût et au parfum prononcés; Weichkäse aus dem Aostatal mit kräftigem Geschmack und Geruch; queso blando del Valle de Aosta con sabor y olor fuertes. **Forchetta:** fork; fourchette; Gabel; tenedor. **Forchettone: → Forchetta**. **Formaggera:** parmesan-cheese bowl; fromagère; Käse dose; quesera. **Formaggio:** cheese; fromage; Käse; queso. **Formine → Stampini. Forno:** oven; four; Ofen; horno. **Fragole:** strawberries; fraises; Erdbeeren; fresas. **Frattaglie:** offal; abattis, abats; Innerein; menudillos. **Freddo:** cold; froid; kalt; frío. **Friggitrice:** deep frier; friteuse; Friteuse; freidora. **Frigorifero:** refrigerator; réfrigérateur; Kühlschrank; frigorífico, nevera. **Frittata:** omelette; omelette; Omelett; tortilla. **Frittelle:** fritters; beignets; Beignets;

buñuelos. **Fritto misto di pesce:** mixed fried fish; friture de poissons assortis; gemischte Frischfritüre; pescado mixto frido. **Frullatore:** mixer; mélangeur; Mixer; batidor. **Frusta:** whisk; fouet; Schneebesen; varilla. **Frutta candita:** candied fruit; fruits confits; kandierte Früchte; fruta confitada. **Frutta secca:** dried fruit; fruits secs; Trockenobst, Dörrobst; fruta seca. **Frutta:** fruit; fruits; Früchte, Obst; fruta. **Frutti di bosco:** wild berries; fruits de bois; Waldbeeren; frutas silvestres. **Frutti di mare:** seafood; fruits de mer; Meeresfrüchte; mariscos. **Funghi:** mushrooms; champignons; Pilze; setas, hongos.

G

Galantina: cold stuffed meat; viande froide farcie; kaltes Fleisch mit Füllung; carne fría rellena. **Galletto:** young rooster, cockerel; coquelet; Hähnchen; gallito. **Gallina:** hen; poule; Huhn; gallina. **Gamberetti:** shrimps; crevettes; Krabben; gambas. **Gamberi:** prawns; écrevisses; Garnelen; gambas. **Gamberoni:** king prawns; gambas; Riesengarnelen; camarones. **Gambo di sedano → Costola di sedano. Gassato:** fizzy; gazeux; mit Kohlensäure; gaseoso. **Gelatina:** jelly; gelée; Gelee; gelatina. **Gelato:** ice-cream; glace; Eis; helado. **Ghiaccio:** ice; glace; Eis; hielo. **Gianduiotti:** chocolates with hazelnut cream; chocolats à la crème de noisette; Nusscreme-Pralinen; chocolatines con crema de avellanas. **Gnocchi alla romana:** baked semolina dumplings; gnocchis de semoule au four; im Ofen überbackene Griessklösschen; ñoquis de sémola al horno. **Gnocchi:** dumplings; gnocchis; Klösschen; ñoquis. **Gorgonzola:** blue cheese; fromage persillé; Blauschimmelkäse; queso con mohos. **Grana:** type of Parmesan; gerne de Parmesan; Art Parmesan; tipo Parmesano. **Granchi:** crabs; crabes; Krebse; cangrejos. **Granita:** water ice; granité; Gramolate, Granita; granizado. **Grano duro:** durum wheat; blé dur; Hartweizen; trigo duro. **Grano tenero:** soft wheat; blé tendre; Weichweizen; trigo tierno. **Grano:** wheat; blé; Weizen; trigo. **Grappa:** grappa; marc; Grappa; grapa. **Grattugia:** grater; râpe; Reibe; rallador. **Griglia:** grill; gril; Grill; parrilla. **Grissini:** thin breadsticks; gressins; dünne Weissbrotstangen; palitos de pan. **Guancia di maiale:** pork cheek; joue de porc; Schweinebacke; carrillo de cerdo.

I

Imbuto: funnel; entonnoir; Trichter; embudo. **Impasto:** dough; pâte; Teig; masa. **Insalata:** salad; salade; Salat; ensalada. **Insalatiera:** salad bowl; saladier; Salatschüssel; ensaladera. **Involtini di carne:** meat rolls; paupiettes de viande; Fleischrouladen; popietas de carne.

L

Lamponi: raspberries; framboises; Himbeeren; frambuesas. **Lardo:** bacon fat; lard gras; fetter Speck; tocino. **Latte:** milk; lait; Milch; leche. **Lattina:** tin; boîte; Dose; lata. **Legumi:** pulses; légumes; Hülsenfrüchte; legumbres. **Lenticchie:** lentils; lentilles; Linsen; lentejas. **Lepre:** hare; lièvre; Hase; liebre. **Lievito:** Yeast; levain; Hefe; levadura. **Limonata:** lemon soda; citronnade; Limonade; refresco de limón. **Limone:** lemon; citron; Zitrone; limón. **Lingua:** tongue; langue; Zunge; lengua. **Linguine:** flat spaghetti; spaghettis plats; flache Spaghetti; espaguetis planos. **Liquirizia:** licorice; réglisse; Süssholz; regaliz. **Liquore:** liqueur; liqueur; Likör; licor. **Lische:** fish bones; arêtes; Gräten; espinas. **Lombata:** loin; longe; Lendenbraten; lomo. **Luppolo (germogli di):** hop, hop shoots; pousses de houblon; Hopfensprossen; brotes de lúpulo.

M

Macedonia: fruit salad; salade de fruits, macédoine; Fruchtsalat; macedonia. **Maggiorana:** marjoram; marjolaine; Majoran; mejorana. **Maiale:** pork; porc; Schwein; cerdo. **Maionese:** mayonnaise; mayonnaise; mayonnaise; mayonesa. **Olive :** olives; olives; Oliven; aceitunas. **Mandarino:** tangerine; mandarine; Mandarine; mandarina. **Mandorle:** almonds; amandes; Mandeln; almendras. **Mangiare:** to eat; manger; essen; comer. **Manzo:** beef; boeuf; Rind; vaca. **Margarina:** margarine; margarine; Margarine; margarina. **Marmellata:** Jam, marmalade; confiture; Marmelade, Konfitüre; mermelada. **Marroni:** chestnuts; marrons; Edelkastanien, Maronen; castañas. **Marsala:** sicilian fortified wine; vin liquoreux sicilien; sizilianischer Likörwein; vino licoroso de Sicilia. **Mascarpone:** creamy and mild cheese; fromage oncteux et doux; milder und cremiger Käse; queso cremoso y dulce. **Matterello:** rolling-pin; rouleau à pâtisserie; Nudelholz; rodillo. **Mela:** apple; pomme; Apfel; manzana. **Melagrana:** pomegranate; grenade; Granatapfel; granada. **Melanzane alla parmigiana:** aubergine casserole; gratin d'aubergines; Auberginenauflauf; pastel de berenjenas. **Melanzane:** aubergines; aubergines; Auberginen; berenjenas. **Melissa:** lemon balm; mélisse; Melisse; melisa, toroniil. **Melone:** melon; melon; Melone; melón. **Menta:** mint; menthe; Minze; menta. **Mentuccia:** pennyroyal; menthe pouliot; Poleiminze; mastranzo. **Mestolo:** ladle; louche; Schöpfkelle; cazo. **Miele:** honey; miel; Honig; miel. **Millefoglie:** mille-feuille; millefeuille; Cremeschnitte; milhojas. **Minestra:** soup; potage, soupe; Suppe; sopa. **Minestrone:** vegetable soup; soupe de légumes; Gemüsesuppe; potaje de verduras. **Mirtilli:** blueberries; myrtilles; Heidelbeeren; arándanos. **Mirto:** mirtle; myrthe; Myrte; arrayán. **Mollica (di pane):** soft part of bread; mie de pain; weichter Teil des Brotes; miga de pan. **Molluschi:** molluscs; mollusques; Weichtiere; moluscos. **More:** blackberries; mûres; Brombeeren; moras. **Mortaio:** mortar; mortier; Mörser; mortero. **Moscardini:** curled octopus; muscardins; Moschuspolypen; pulpos blancos. **Mosto:** must; moût; Most; mosto. **Mozzarella in carrozza:** fried mozzarella-cheese sandwich; sandwich de mozzarelle frit; fritiertes Mozzarella Sandwich; Sandwich de mozzarella frito. **Mozzarella:** mozzarella; mozzarelle; Mozzarella; mozzarella.

N

Nasello: hake; colin; Hechtdorsch; pescadilla. **Naturale (non gassato,a):** natural; plat; ohne Kohlensäure; natural, sin gas. **Nespole:** medlars; nèfles; Mispeln; níspolas. **Nocciole:** hazelnuts, filberts; noisettes; Haselnüsse; avellanas. **Noce di cocco:** coco-nut; noix de coco; Kokosnuss; coco. **Noce di vitella:** veal rump; noix de veau; Kalbsnuss; nuez de ternera. **Noce moscata:** nutmeg; noix de muscade; Muskatnuss; nuez moscada. **Noci:** walnuts; noix; Walnüsse; nueces.

O

Oca: goose; oie; Gans; ganso. **Oliera:** cruet; huilier; Ölkännchen; aceitera. **Olio:** oil; huile; Öl; aceite. **Orata:** gilthead seabream; daurade; Goldbrasse; dorada. **Orecchiette:** fresh pasta from Apulia; pâtes fraîches des Pouilles; frische Nudeln aus Apulien; pasta fresca de la región Puglia. **Origano:** oregano; origan; Oregano, Origano; Orégano. **Orzata:** orgeat; orgeat; Mandelmilch; orchata. **Orzo:** barley; orge; Gerstengraupen; cebada. **Ossobuco:** braised veal shank slice; tranche de jarret de veau braisée; geschmorte Kalbshaxenscheibe; rodaja de jarrete de ternera. **Ostriche:** oysters; huîtres; Austern; ostras.

P

Padella: frying-pan; poêle; Pfanne; sartén. **Pagello:** red bream; pagel; Rotbrasse; pagel. **Paglia e fieno:** yellow and green tagliatelle; tagliatelles blanches et vertes; weisse und grüne Bandnudeln; tallarines blancos y verdes. **Pan di Spagna:** sponge cake; pain de Gênes; Biskuitkuchen; tarta de bizcocho. **Pan grattato:** breadcrumbs; chapelure; Semmelbrösel; pan rallado. **Pancetta:** bacon; lard; Bauchspeck; tocino. **Pandoro:** Christmas yeast cake; gâteau de Noël levé; Weihnachtshefekuchen; dulce de Navidad. **Pane:** bread; pain; Brot; pan. **Pane raffermo:** stale bread; pain rassis; altbackenes Brot; pan duro. **Panettone:** Christmas yeast cake with raisins and candied fruits; gâteau de Noël levé avec fruits confits et raisins secs; Weihnachtshefekuchen aus Hefeteig mit Rosinen und kandierten Früchten; dulce de Navidad de pasta leudada con pasas y fruta confitada. **Panforte:** hard cake with dried and candied fruits; pain aux fruits secs et confits; Kuchen mit getrockneten und kandierten Früchten; dulce de fruta seca y confitada. **Panino:** roll; petit pain; Brötchen; panecillo, bocadillo, bollo. **Panna cotta:** cream pudding; crème cuite; Sahnepudding; pudin de nata. **Panna:** cream; crème; Sahne, Rahm; nata. **Pannocchia di granoturco:** corn on the cob; Épi de maïs; Maiskolben; mazorca de mais. **Papavero (semi di):** poppy seeds; graines de pavot; Mohn; semillas de adormidera. **Pappardelle:** large tagliatelle; tagliatelles larges; breite Bandnudeln; tallarines anchos. **Parmigia-**

no: Parmesan cheese; Parmesan; Parmesan; Parmesano. **Passaverdura:** vegetable mill; moulinette, presse-purée; Passiergerät; pasaverduras. **Pasta:** pasta; pâtes; Nudeln; pasta. **Pasta al forno:** baked pasta; pâtes au four; im Ofen überbackene Nudeln; pasta al horno. **Pasta all'uovo:** egg pasta; pâtes à l'oeuf; Eiernudeln; pasta de huevos. **Pasta e fagioli:** pasta and bean soup; soupe de pâtes et de haricots; Nudel-Bohnen-Eintopf; sopa de pasta y alubias. **Pasta fresca:** fresh pasta; pâtes fraîches; frische Nudeln; pasta fresca. **Pasta integrale:** whole-wheat pasta; pâtes intégrales; Vollkornnudeln; pasta integral. **Patate:** potatoes; pommes de terre; Kartoffeln; patatas. **Pecorino:** ewe's cheese; tomme de brebis; Schafskäse; queso de oveja. **Pelapatate:** potato peeler; épluche-légumes; Kartoffelschäler; pelapatatas. **Penne:** pasta quills; pâtes courtes; Makkaroni; macarrones. **Pennello :** brush; pinceau; Pinsel; pincel. **Pentola:** pan; casserole; Topf; cazuela, olla. **Pentolino:** piccola pentola. **Pepe:** pepper; poivre; Pfeffer; pimienta. **Peperonata:** pan-fried peppers, onions and tomatoes; poêlée de poivrons, oignons et tomates; Paprika, Zwiebeln und Tomaten in der Pfanne; estofado de pimientos, cebollas y tomates. **Peperoncino:** chilli pepper; piment; Chili-Pfeffer; pimentón, guindilla. **Peperoni:** peppers; poivrons; Paprika, Paprikaschoten; pimientos. **Pera:** pear; poire; Birne; pera. **Pesca:** peach; pêche; Pfirsich; melocotón. **Pesce:** fish; poisson; Fisch; pescado. **Pesce spada:** swordfish; espadon; Schwertfisch; pez espada. **Petto di pollo:** chicken breast; blanc de poulet; Hähnchenbrust; pechuga de pollo. **Petto di tacchino:** turkey breast; blanc de dinde; Truthahnbrust; pechuga de pavo. **Piatto:** plate, shallow plate; assiette, assiette plate;Teller, flacher Teller; plato, plato llano. **Pinoli:** pine nuts; pignons; Pinienkerne; piñones. **Pinzimonio:** raw vegetables with dip on the side; crudités avec sauce à part; Rohkostdip; verduras crudas con salsa aparte. **Pirofila:** oven-proof dish; plat à four; feuerfeste Form; pirex. **Piselli:** peas; petits pois; Erbsen; guisantes. **Pistacchi:** pistachios; pistaches; Pistazien; pistachos. **Platessa:** plaice; carrelet; Flunder; solla. **Polenta:** corn-meal porridge; farine de maïs bouillie; Mais-breigericht; gacha de harina de maiz hervida. **Pollo:** chicken; poulet; Hähnchen; pollo. **Polpette:** meatballs; boulettes; Frikadellen; albóndigas. **Polpette:** meatballs; boulettes; Frikadellen; albóndigas. **Polpettone:** meatloaf; roulade de viande; Hackbraten, falscher Hase; guiso de carne picada. **Polpettone:** meatloaf; roulade de viande; Hackbraten, falscher Hase; guiso de carne picada. **Polpo (polipo):** octopus; poulpe; Krake; pulpo. **Polvere di cacao:** cocoa powder; poudre de cacao; Kakaopulver; cacao en polvo. **Pomodori pelati:** peeled tomatoes; tomates pelées; geschälte Tomaten; tomates en lata. **Pomodori:** tomatoes; tomates; Tomaten; tomates. **Pompelmo:** grapefruit; pamplemousse; Pampelmuse; pomelo. **Porchetta:** roast whole pig; cochon entier rôti; ganzes gebratenes Schwein; cerdo entero asado. **Porchetta:** roast whole pig; cochon entier rôti; ganzes gebratenes Schwein; cerdo entero asado. **Porcini (funghi porcini):** wild mushrooms; cèpes; Steinpilze; hongos calabaza. **Porri:** leeks; poireaux; Lauch, Porrree; puerros. **Posate:** cutlery, silverware; couverts; Bestek; cubiertos. **Prezzemolo:** parsley; persil; Petersilie; perejil. **Prosciutto:** ham; jambon; Schinken; jamón. **Prosciutto cotto:** ham; jambon cuit; gekochter Schinken; jamón de York. **Provolone:** kneaded-paste cheese; fromage à pâte filée; Käse der Faden zieht; queso de textura filamentosa. **Prugna:** plum; prune; Pflaume; circuela. **Puré di mele:** apple purée; purée de pommes; Apfelmus; puré de manzanas. **Puré:** purée; purée; mus; puré.

R

Radicchio: red chicory; salade de Trévise; Radicchio; achicoria roja. **Ramerino → Rosmarino.** **Rape:** turnips; navets; Rüben; nabos. **Ravanelli:** radishes; radis roses; Radieschen; rabanillos. **Ribes:** currants; groseilles; Johannisbeeren; grosellas. **Ricci di mare:** sea-urchins; oursins; Seeigel; erizos de mar. **Ricotta:** fresh cheese from milk whey; fromage blanc de petit lait; Quarksorte (Frischkäse aus Molke); requesón. **Rigatoni:** macaroni; macaronis; Makkaroni; macarrones. **Riso pilaf:** baked with stock and flavoured with butter; cuit au four avec du bouillon et du beurre; in Ofen in Brühe gegart mit Butter; asado al horno con caldo y mantequilla. **Riso:** rice; riz; Reis; arroz. **Rosmarino:** rosemary; romarin; Rosmarin; romero. **Rucola:** rocket; roquette; Rauke, Gartenrauke; ruca.

S

Salame: salami; saucisson; Salami; salchichón, salami. **Salame al cioccolato:** chocolate log; saucisson en chocolat; Schokoladensalami; salchichón de chocolate. **Salamoia:** brine; saumure; Lake, Salzlake; salmuera. **Sale:** salt; sel; Salz; sal. **Saliera:** saltcellar; salière; Salzstreuer; salero. **Salmone affumicato:** smoked salmon; saumon fumé; geräucherter Lachs; salmón ahumado. **Salmone:** salmon; saumon; Lachs, Salm; salmón. **Salsa:** sauce; sauce, coulis; Sauce, Sosse; salsa. **Salsiccia:** sausage; saucisse; Wurst; salchicha. **Salsiera:** sauce boat, gravy boat; saucière; Sauciere; salsera. **Saltimbocca alla romana:** escalopes with ham and sage; escalopes de veau avec jambon et sauge; Schnitzel mit Schinken und Salbei; escalopes de ternera con jamón y salvia. **Salvia:** sage; sauge; Salbei; salvia. **Sardine:** sardines; sardines; Sardinen; sardinas. **Savoiardi:** sponge biscuits; savoyards; Löffelbiskuits; soletillas. **Scaloppina:** escalope; escalope; Schnitzel; escalope, filetito. **Scamorza:** kneaded-paste cheese; fromage à pâte filée; Käse der Faden zieht; queso de textura filamentosa. **Scampi:** scampi; langoustines; Scampi; langostinos. **Schiaccianoci:** nutcracker; casse-noix; Nussknacker; rompenueces. **Schiumarola:** skimming ladle; Écumoire; Schaumlöffel; espumadera. **Sciroppo:** syrup; sirop; Sirup; jarabe; almíbar. **Scodella:** bowl, soupe plate; bol, assiette creuse; Schüssel; tazón. **Scolapasta → Colapasta.** **Scorfano:** scorpion fish; rascasse; Drachenkopf; cabracho, gallineta. **Scorza di limone:** lemon peel; écorce de citron; Zitronenschale; corteza de limón. **Scottare:** to burn; brûler; heiss machen; quemar. **Sedano:** celery; céleri; Sellerie; apio. **Semifreddo:** parfait, iced mousse; parfait; Halbgefrorenes; tarta helada. **Semola di grano duro:** durum-wheat semolina; semoule de blé dur; Hartweizengriess; sémola de trigo duro. **Semolino:** semolina; semoule; Griess; sémola. **Senape:** mustard; moutarde; Senf; mostaza. **Seppie:** cuttlefish; seiches; Tintenfische; Jibias, chipirones. **Setaccio:** sieve; tamis; Sieb; tamiz. **Sgombro:** mackerel; maquereau; Makrele; caballa. **Sidro:** cider; cidre; Cidre; sidra. **Sogliola:** sole; sole; Seezunge; lenguado. **Sottaceti:** mixed pickles; légumes au vinaigre; Mixpickles; encurtidos. **Spago :** string, twine; ficelle; Schnur, Kordel; bramante. **Spezzatino:** stew; ragoût; Ragout; estofado. **Spicchio d'aglio:** garlic clove; gousses d'aïl; Knoblauchzehe; diente de ajo. **Spiedini:** kebabs; brochettes; Spiesse; broquetas. **Spinaci:** spinach; épinards; Spinat; espinacas. **Spremiagrumi:** citrus-fruit squeezer; presse-agrumes; Zitronenpresse; esprimidor. **Spremuta d'arancia:** squeezed orange juice; orange pressée; Frischgepresster; naranjada. **Spumante:** sparkling wine; mousseux; Sekt, Schaumwein; champán, vino de cava. **Stampini:** small moulds; petits moules; Förmchen; moldes. **Stappare:** to uncork; déboucher; entkorken, öffnen; destapar. **Stecca di vaniglia:** vanilla-pod; gousse de vanille; Vanille schote; palo de vainilla. **Stoccafisso:** dried cod; merluche; Stockfisch; pejepalo. **Storione:** sturgeon; esturgeon; Stör; esturión. **Stracchino:** very soft and fresh cheese; fromage frais et coulant; sehr weicher Frischkäse; queso fresco muy blando. **Struffoli:** small fritters with honey; petits beignets au miel; kleine Beignets mit Honig; pequeños buñuelos con miel. **Stuzzicadenti:** toothpicks; cure-dents; Zahnstocher; palillos. **Succo:** juice; jus de fruits; Saft; zumo. **Supplì:** rice croquettes filled with mozzarella cheese; croquettes de riz à la mozzarelle; mit Mozzarella gefüllte Reiskroketten; croquetas de arroz rellenas con queso mozzarella. **Surgelato:** frozen; surgelé; tiefgefroren; congelado.

T

Tacchino: turkey; dinde, dindon; Truthahn, Puter; pavo. **Tagliatelle:** tagliatelle, noodles; tagliatelles; Bandnudeln; tallarines. **Tagliere:** cutting board; planche à découper; Schneidebrett; tabla. **Tagliolini:** thin tagliatelle; tagliolinis; dünne Bandnudeln; tallarines fines. **Tartufi di mare:** warty venus, venus clams; praire vénus; rauhe Venusmuscheln; escupiñas grabadas. **Tartufo:** truffle; truffe; Trüffel; trufa. **Tavolo:** table; table; Tisch; mesa. **Tazza:** cup; tasse; Tasse; taza. **Tegame:** saucepan; poêle; Pfanne; sartén. **Teglia:** baking pan; plat à four; Blech; tortera. **Teiera:** tea pot; théière; Teekanne; tetera. **Terrina:** bowl, terrine; terrine; Schüssel, Terrine; vasija. **Tiglio:** linden; tilleul; Linde; tilo. **Timo:** thyme; thym; Thymian; tomillo. **Tonno:** tuna; thon; Thunfisch; atún. **Torrone:** white nougat; nougat; weisser Nougat; turrón. **Torta:** cake; gâteau; Torte, Kuchen; tarta. **Tostapane:** toaster; grille-pain: Toaster; tostador. **Totani ripieni:** stuffed flying squids; encornets farcis; gefüllte Tintenfische; potas rellenas. **Totani:** flying squids; encornets; Tintenfische, Pfeilkalmare; potas. **Tovaglia:** table cloth; nappe; Tischtuch; mantel. **Tovagliolo:** table napkin; serviette; Serviette; servilleta. **Trenette:** flat spaghetti; spaghettis plats; flache Spaghetti; espaguetis planos. **Triglie:** red mullets; rougets; Seebarben; salmonetes. **Trippa:** tripe; tripes; Kutteln, Kaldaunen; callos. **Tritacarne:** meat grinder; hachoir; Fleischwolf; triturador de carne. **Trota:** trout; truite; Forelle; trucha. **Tuorlo d'uovo:** egg yolk; jaune d'oeuf; Eigelb; yema de huevo.

U

Uovo: egg; oeuf; Ei; huevo. **Uva:** grapes; raisins; Trauben; uva. **Uva passa:** raisins; raisins secs; Rosinen; pasas. **Uccelletti:** small birds; petits oiseaux; kleine Vögel; pajaritos.

V

Valeriana: valerian; valériane; Baldrian; valeriana. **Vaniglia:** vanilla; vanille; Vanille; vainilla. **Vaniglina:** powdered vanilla; vanilline; Vanillin, Vanillezucker; vanilina. **Vassoio:** tray; plateau; Tablett; bandeja. **Verbena:** vervain; verveine; Eisenkraut; berbena. **Verdure:** vegetables; légumes; Gemüse; verduras. **Vermicelli:** vermicelli; vermicelles; dünne Spaghetti; espaguetis finos. **Verza:** savoy cabbage; chou de Milan; Wirsing; verza. **Vino:** wine; vin; Wein; vino. **Vinsanto:** toscan fortified wine; vin liquoreux toscan; toscanischer Likörwein; vino licoroso de Toscana. **Vitella:** veal; viande de veau; Kalbfleisch; carne de ternera. **Vitello tonnato:** cold veal with tuna sauce; veau froid à la sauce au thon; kaltes Kalbfleischin Thunfischsauce; ternera fría con salsa de atún. **Vivanda:** food; mets; Speise, Lebensmittel; comida. **Vongole:** clams; palourdes, clovisses; Venusmuscheln; almejas, chirlas.

Z

Zabaione: egg-nog; sabayon; Eierlikörcreme; crema sabayón. **Zafferano:** saffron; safran; Safran; azafrán. **Zampone:** pork sausage stuffed in a boned pig trotter and boiled; chair à saucisse bouillie dans un pied de porc évidé; Kochwurst in der Haut eines Schweinefusses; embutido en pata de cerdo y cocido. **Zenzero:** ginger; gingembre; Ingwer; Jengibre. **Zucca:** pumpkin; potiron; Kürbis; calabaza. **Zuccheriera:** sugar bowl; sucrier; Zuckerdose; azucarera. **Zucchero:** sugar; sucre; Zucker; azúcar. **Zucchero a velo:** icing sugar; sucre glace; Puderzucker; azúcar de flor. **Zucchine:** courgettes; courgettes; Zucchini; calabacines. **Zuccotto:**

sponge-cake covered with iced mousse; parfait enrobé de pain de Gênes; Halbgefrorenes in Biskuitmantel; tarta helada cubierta con bizcocho. **Zuppa → Minestra.** **Zuppa inglese:** trifle; charlotte russe; Schicht-Süssspeise mit Likör und Creme; dulce de bizcochos y natillas. **Zuppiera:** tureen; soupière; Suppenschüssel; sopera.